G.

BIBLIOTHÈQUE
PORTATIVE
DES VOYAGES.
TOME XV.

CONDITIONS DE LA SOUSCRIPTION.

L'ouvrage sera publié en 12 *livraisons*, qui seront mises en vente de mois en mois, à dater du 15 *Mai*; chaque livraison sera composée de 4 volumes; la dernière seule en aura 5, et sera néanmoins du même prix que les précédentes.

Le prix de chaque livraison, pour les personnes qui souscriront avant le 1er *Juillet prochain*, est fixé, sur papier fin, à . . 5 fr.

Papier d'Angoulême, Nom-de-Jésus. . 8

Papier vélin satiné, fig. avant la lettre. 10

Papier vélin satiné. Nom-de-Jésus, figures avant la lettre. 15

Passé le 1e Juillet, le prix pour les non-souscripteurs, sera, en papier fin. . 6

Papier d'Angoulême, Nom-de-Jésus. . 10

Papier vélin satiné. 12

Papier vélin satiné, Nom-de-Jésus. . 20.

Il faut ajouter 1 fr. 50 c. au prix de chaque livraison pour recevoir l'ouvrage franc de port par la poste.

ON NE PAYE RIEN D'AVANCE.

DE L'IMPRIMERIE DE G. MUNIER. — AN VII.

BIBLIOTHÈQUE
PORTATIVE
DES VOYAGES,

TRADUITE DE L'ANGLAIS

Par MM. HENRY *et* BRETON.

TOME XV.

~~~~~~

PREMIER VOYAGE DE COOK.

TOME II.

PARIS,

Chez Mme Ve LEPETIT, libraire, rue
Pavée-Saint-André-des-Arcs, n.º 2.

1817.

VOYAGES DE COOK.

RELATION

D'un voyage fait autour du monde, dans les années 1766, 1767 et 1768, par SAMUEL WALLIS, commandant du vaisseau le *Dauphin*.

CHAPITRE PREMIER.

Passage à la côte des Patagons. — Détails sur les habitans.

LE 19 juin 1766, je reçus ma commission; le même jour, j'allai à bord, j'arborai ma flamme, et je commençai l'enregistrement des matelots. Selon la teneur des ordres qui m'étoient donnés, je n'admis point de mousse pour mon service particulier, ni pour celui d'aucun autre officier. Après avoir mis le vaisseau en état, et donné lecture à l'équipage, des articles du code militaire et de l'acte du parlement, nous descendîmes la Tamise le 26 juillet, et le 16 août, nous mouillâmes dans la rade de Plymouth.

Trois jours après, j'eus ordre de partir et de prendre sous mon commandement le sloop le *Swallow* et la flûte le *Prince-Frédéric*. Je pris à bord trois milliers pesant de tablettes de bouillon, une balle de jaquettes de liége, et une infinité d'autres objets. Le vaisseau en étoit tellement encombré, que je fus obligé de permettre que l'on plaçât dans ma chambre trois grands coffres remplis d'objets propres à la médecine, dont notre chirurgien jugea nécessaire de nous pourvoir.

Le 22 août, je levai l'ancre à quatre heures du matin, et je fis voile, de conserve avec le *Prince-Frédéric* et le *Swallow*. Nous nous aperçûmes bientôt que ce dernier vaisseau étoit très-mauvais voilier.

Nous jetâmes l'ancre dans la rade de Madère, le 7 septembre, et le lendemain matin, je saluai le fort de treize coups de canon, qui me furent rendus. Je m'approvisionnai d'eau, de vin, de bœuf frais et de beaucoup d'oignons, et nous continuâmes notre route.

Nous arrivâmes au port Praya-

dans l'île *Saint-Jago* (1), le 24 septembre, et nous obtînmes du gouverneur la permission de nous pourvoir d'eau et de rafraîchissemens. On étoit alors dans la saison des maladies, et l'on nous prévint que les grandes pluies mettroient beaucoup d'obstacles au transport des objets que nous voudrions faire venir de terre à nos vaisseaux.

Pour surcroît de malheur, la petite-vérole régnoit alors dans cette île, où elle est ordinairement dangereuse. Je défendis à ceux qui n'avoient pas eu cette maladie, d'aller à terre, et même à ceux qui l'avoient eue, d'entrer dans aucune

(1) L'une des îles du Cap Vert. Elles appartiennent toutes au Portugal.

maison. Cependant nous achetâmes quelques bestiaux, et nous prîmes une grande quantité de poissons avec la seine. La vallée où nous faisions de l'eau, produisoit en abondance du pourpier sauvage; c'est un excellent rafraîchissant, soit qu'on le mange crud en salade, ou cuit avec du bouillon et des pois.

Nous mîmes en mer le 28 à midi. Je fis distribuer ce jour-là, à l'équipage, des lignes et des hameçons, afin que chacun pût pêcher pour son propre compte, sous la condition, néanmoins, de ne pas garder le poisson plus de vingt-quatre heures, car j'avois remarqué que, passé ce temps, il se gâtoit et corrompoit l'air du vaisseau, ce qui pouvoit engendrer des maladies.

Le 22 du mois d'octobre, nous vîmes une multitude prodigieuse d'oiseaux, et entr'autres une *frégate*, ce qui nous fit présumer que nous n'étions pas éloignés de plus de soixante lieues d'une terre. Le même jour, nous traversâmes l'équateur au 23 deg. 40 *l* de longitude ouest.

Quelques jours après, le *Prince-Frédéric* fit un signal d'incommodité. Ce vaisseau avoit une voie d'eau sous la joue de bâbord. Le lieutenant Brine, qui le commandoit, me dit que l'équipage étoit exténué par les fatigues des manœuvres des pompes et des voiles, que leurs provisions n'étoient pas bonnes, et qu'ils n'avoient à boire que de l'eau. Tout ce que je pus faire, ce fut d'envoyer à son bord un charpentier et six matelots, pour aider aux travaux.

Le peu de succès des mesures prises pour étancher la voie d'eau, me détermina à débarrasser la flûte de ce qu'il falloit pour compléter nos provisions et celles du *Swallow*, et à faire passer à son bord nos douilles de barriques, nos cercles de fer et nos jarres d'huile vides. Plusieurs des gens de ce bâtiment étant attaqués du scorbut, j'envoyai aussi le chirurgien avec des remèdes.

Le 12 novembre, le froid fut assez vif ; nous tendîmes nos pavois, et nos matelots se vêtirent de leurs grosses jaquettes. Le 19, sur les huit heures du soir, nous observâmes, au nord-est, un météore très-singulier. Au bout de quelques instans, il courut horizontalement et avec rapidité, vers le sud-ouest; sa marche dura à peu près une minute, et il laissa derrière lui une traînée de lumière si éclatante, que le tillac en fut éclairé comme en plein midi. Nous commencions alors à trouver le fond, et nous voyions une grande quantité de baleines, de veaux marins, d'oiseaux et de papillons.

Le 8 décembre, nous reconnûmes le cap Blanc, sur la côte des Patagons, et le 16, nous mouillâmes dans une baie, près le cap de la *Vierge Marie*. Nous aperçûmes des hommes à cheval, qui nous faisoient signe de débarquer.

Toute la nuit ils restèrent en face des vaisseaux, ils allumèrent des feux, et jetèrent de temps en temps de grands cris. Le lendemain, au point du jour, nous en vîmes un bien plus grand nombre, qui nous faisoient signe de venir à terre. Je fis armer les canots de nos vaisseaux ; et ceux-ci étant disposés de manière à nous protéger, ayant leurs canons chargés à mitraille, nous avançâmes vers la côte, et nous débarquâmes, après avoir fait retirer les sauvages à quelque distance, en leur en faisant signe. J'eus la précaution de mettre les soldats de marine en bataille sur le rivage, et de faire tenir les canots sur leurs grapins.

Ayant fait asseoir les naturels en

demi-cercle, je leur distribuai des couteaux, des ciseaux, des boutons, des grains de verre, des peignes, et, sur-tout aux femmes, des rubans qu'elles reçurent avec un mélange décent de plaisir et de respect. Lorsqu'ils eurent tous reçus mes présens, il me fut impossible de parvenir à échanger quelques outils contre des provisions. Ce fut en vain qu'après leur avoir présenté des haches et des serpes, je leur montrai des guanaques et des autruches mortes qui étoient auprès d'eux, pour leur indiquer que je voulois faire un troc, ils ne purent me comprendre, ou ils le feignirent, en sorte que nous ne pûmes rien nous procurer.

Les hommes et les femmes avoient

chacun un cheval, une selle, une bride et des étriers. Les hommes seuls avoient des éperons de bois ; un d'entr'eux avoit une paire de grands éperons à l'espagnole, des étriers de bronze et un sabre espagnol sans fourreau : il nous parut que ces marques de distinction ne lui donnoient aucune autorité sur les autres. Ils avoient avec eux des chiens, qui étoient probablement de race espagnole, ainsi que leurs chevaux.

Ces Américains sont d'une couleur de cuivre foncé, comme celle des sauvages de l'Amérique septentrionale ; leurs cheveux sont droits, ayant l'apparence de soies de cochon ; ils les nouent avec une ficelle de coton, et ne se couvrent nullement la tête, chez l'un ni chez l'autre sexe. Ils sont bien faits et robustes ; la petitesse de leurs mains et de leurs pieds est d'autant plus remarquable, qu'ils ont par tout le corps les os fort gros. Nous mesurâmes l'un des plus grands, il avoit six pieds sept pouces. La taille moyenne de ces sauvages est de cinq pieds dix pouces à six pieds.

Pour vêtement, ils se servent de peaux de guanaques, cousues ensemble, dont ils s'enveloppent le corps. Ces guanaques ressemblent beaucoup aux daims ; ils en diffèrent par la bosse qu'ils ont sur le dos, et en ce qu'ils sont sans cornes. Quelques sauvages portoient aussi ce que les Espagnols appellent un *puncho* ;

puncho; c'est un morceau carré d'étoffe faite avec du duvet de guanaque : on fait un trou au milieu pour y passer la tête, et elle couvre le corps jusqu'aux genoux. Ils ont des caleçons très-serrés et des espèces de brodequins qui n'enveloppent que le bas de la jambe, sans couvrir le pied.

Les hommes avoient un cercle rouge tracé autour de l'œil gauche, ou d'autres peintures sur le bras et sur différentes parties du visage. Toutes les jeunes femmes avoient leurs paupières peintes en noir. Ils parloient continuellement, et prononçoient souvent le mot *ca-pi-ta-ne*. Nous leur parlâmes espagnol, portugais, françois et hollandois, sans qu'ils parussent y rien comprendre. Nous ne distinguâmes dans leur langage que le mot *chevow* (1), qu'ils prononçoient toujours en nous frappant dans la main, et lorsqu'ils nous demandoient quelque chose. Nous présumâmes que c'étoit l'expression d'un salut. Nous observâmes qu'ils répétoient avec facilité les mots dont nous nous servions, et nous leur apprîmes, en peu de temps, à dire, tout aussi bien que nous, *Englishmen, come on shore.* (*Anglois, venez à terre*).

Ils portoient à leur ceinture une sorte de fronde composée de deux pierres rondes, couvertes de cuir, et pesant chacune une livre, attachées aux deux bouts d'une corde

---

(1) M. Bougainville écrit *chaoua*.

de huit pieds de long. Ils balancent quelque temps cette arme au-dessus de leur tête, et ils la lancent avec tant d'adresse, qu'à la distance de quinze verges, ils frappent, des deux pierres à la fois, un but aussi petit qu'un shelling. Lorsqu'ils font la chasse des autruches et des guanaques, ils lancent cette fronde, de manière à envelopper les deux jambes de l'animal, et à l'arrêter sans le blesser.

Il paroît que ces sauvages mangent de la chair crue, car nous les vîmes ainsi dévorer le ventre d'une autruche, sans autre apprêt que de retourner le dedans en dehors, et de le secouer. Nous remarquâmes qu'ils avoient des grains de verre et deux morceaux d'étoffe rouge ; je présumai qu'ils les avoient reçus du commodore Byron.

En retournant à bord, je leur fis comprendre que j'emmènerois ceux qui desireroient venir voir le vaisseau. Plus de cent se présentèrent, mais je n'en voulus recevoir que huit, qui se jetèrent dans les canots, avec la joie qu'ont des enfans qui vont à une partie de plaisir; et qui chantèrent quelques chansons.

Ils ne témoignèrent aucune surprise, lorsqu'ils furent sur le vaisseau, malgré la nouveauté des objets qui les entouroient. Un d'eux ayant jeté les yeux sur un miroir qui étoit dans ma chambre, ils s'approchèrent tous et s'en amusèrent beaucoup; ils avançoient, reculoient et faisoient mille contorsions devant cette glace, en éclatant de rire et en s'entretenant avec beaucoup de vivacité. Ils mangèrent indistinctement du bœuf, du porc, du biscuit, et plusieurs autres mets que je leur fis présenter; mais ils ne voulurent boire que de l'eau.

Ils examinèrent avec attention les animaux vivans que nous avions à bord, les cochons, les moutons; mais ce fut sur-tout la vue des poules et des dindons qui les amusa. Quoique nos vêtemens fussent la seule chose qu'ils semblassent desirer, il n'y eut qu'un vieillard qui nous en demanda. Je lui fis présent d'une paire de souliers, et à chacun des autres, d'un sac de toile contenant des aiguilles tout enfilées, des morceaux d'étoffe, un couteau, une paire de ciseaux, du fil, de la rassade, un miroir, un peigne, et quelques pièces de monnoie percées, afin qu'elles pussent être suspendues au cou par un ruban. Nous leur présentâmes des cigarres (1) pour fumer, mais ils ne parurent y prendre aucun plaisir.

Ils me semblèrent ignorer totalement l'usage des canons; et pour leur faire connoître l'effet des armes à feu, je fis faire l'exercice aux soldats de marine. A la première décharge, les Américains furent frappés de terreur; le vieillard, surtout, se laissa tomber à terre, et montrant les fusils d'une main, il

(1) On appelle ainsi des feuilles de tabac roulées, dont on se sert en Amérique pour fumer, sans employer de pipe.

se frappoit le sein de l'autre : puis il resta quelque temps immobile et les yeux fermés, ce qui nous fit présumer qu'il connoissoit ces armes. Ses compagnons se rassurèrent, lorsqu'ils virent qu'ils n'avoient aucun mal, et ils entendirent fort tranquillement deux autres décharges : le vieillard seul continua à rester étendu sur le tillac pendant tout le temps.

Ce fut avec peine que nous les déterminâmes à rentrer dans la chaloupe ; mais ils finirent par y consentir ; il n'y eut que le vieillard et un autre sauvage qui voulurent décidément rester avec nous. Le premier se sauva même à la poupe du vaisseau, auprès de l'échelle qui mène à la chambre du capitaine, où il se tut pendant quelques instans ; puis il nous débita un long discours, ou plutôt une chanson, sur un ton tout différent de celui de leur conversation, et accompagné de gestes fort singuliers. Je m'efforçai de lui faire comprendre que le vaisseau devoit s'en aller ; pour toute réponse, il me montra le soleil, traça son cours avec sa main, puis s'arrêtant et me regardant en face, il se mit à rire, et me montra la terre. Je conçus qu'il demandoit à rester à bord jusqu'au coucher du soleil ; mais je n'y pus consentir, et il se résigna à sortir du vaisseau, ainsi que l'autre Américain.

Lorsqu'ils furent en mer dans la chaloupe, ils se mirent tous à chanter et à donner toutes sortes de signes de joie, jusqu'à ce qu'ils fussent débarqués. Arrivés à terre, d'autres sauvages voulurent pénétrer à leur tour dans la chaloupe; mais, à leur grande mortification, l'officier n'en reçut aucun, suivant les ordres que je lui avois donnés.

CHAPITRE II.

Passage du détroit de Magellan, et description des côtes.

LE 17 décembre, à une heure de l'après-midi, nous levâmes l'ancre. Le lendemain, j'envoyai les canots du *Swallow* et du *Prince-Frédéric*, pour examiner des Américains que nous apercevions : il se trouva que c'étoient ceux que nous avions quittés la veille. Lorsqu'ils virent que nos gens ne vouloient pas descendre à terre, cela leur causa un grand déplaisir; plusieurs s'avancèrent à gué près du canot, en répétant cette phrase que nous leur avions apprise: *Englishmen, come on shore*, Anglois, venez à terre, et on eut toutes les peines du monde à les empêcher d'entrer dans le canot.

Le 19, nous mouillâmes dans la baie de *Possession*, et nous aperçûmes, sur le cap du même nom, une multitude d'Américains. Le soir, nous vîmes de grands feux allumés sur la terre. Quatre jours après, nous traversâmes le premier goulet du détroit de Magellan, qui n'a dans cet endroit que deux milles de largeur (1). Le soir, nous mouillâmes près du cap *Grégoire* et de la pointe *Sweepstkes*; le lendemain, nous passâmes le second goulet.

Nous mouillâmes à l'île Sainte-Elisabeth, où nous prîmes beaucoup de céleri. Notre chirurgien conseilla d'en faire manger, tous les matins, à l'équipage, avec du froment bouilli et nos tablettes de bouillon. Quelques officiers descendirent à terre, ils y trouvèrent des vestiges d'habitations, et ils aperçurent deux petits chiens.

De cette île nous voyions des chaînes de montagnes, courant

(1) A peu près les deux tiers d'une lieue.

du sud au sud-ouest. Plusieurs d'entr'elles avoient leur sommet couvert de neige, et cependant nous étions dans le milieu de l'été de cette partie du monde : elles étoient généralement boisées jusqu'aux trois quarts de leur hauteur; passé cette limite, il n'y avoit plus que de la verdure, par-tout où la neige étoit fondue. C'étoit le premier endroit où nous eussions vu des arbres, depuis notre arrivée sur les côtes d'Amérique.

Le 26, nous mouillâmes au port Famine. Je fis dresser des tentes au fond de la baie, sur les bords de la *Sedger*, pour nos malades et pour ceux qui devoient être occupés à terre, soit à couper du bois, soit à remplir nos futailles.

En

En arrivant dans cette baie, nous avions plusieurs gens attaqués du scorbut, et d'autres qui étoient sur le point de l'être. Après un séjour de quinze jours, il n'y avoit plus un seul scorbutique sur les trois vaisseaux. Ils se guérirent en respirant l'air de terre, en mangeant des végétaux, du céleri, des fruits qui ressemblent à la canneberge, en lavant eux-mêmes leur linge, et en se baignant tous les jours dans la mer. Tant que nous fûmes en cet endroit, nous prîmes assez de poisson à la seine, pour en fournir suffisamment chaque jour à tout l'équipage.

Je fis couper beaucoup de bois, que je fis mettre à bord du *Prince-Frédéric*, pour le transporter à l'île

Falkland, que je savois être dépourvue de bois. Je fis, de plus, arracher, avec précaution, plusieurs milliers de pieds de jeunes arbres avec leurs racines, et un peu de terre pour les conserver, et on les arrangea aussi bien que l'on put, à bord de la flûte qui devoit partir incessamment pour le port Egmont, et remettre ces arbres à l'officier qui commandoit le fort.

Le 14 janvier, nous embarquâmes tout notre équipage, et soixante-quinze barriques d'eau douce. Nous tirâmes de la flûte assez de provisions pour nous suffire pendant un an, et pour le *Swallow*, pendant dix mois. Trois jours après, le *Prince-Frédéric* fit voile pour l'île Falkland.

Les Espagnols ont essayé, en 1581,

de fonder une colonie au Port-Famine ; ils y laissèrent quatre cents personnes, qui bâtirent une petite ville, qu'ils appelèrent *Philippeville* ; mais lorsque le célèbre Cavendish y arriva, en 1587, il n'y trouva qu'un seul homme. Les quatre cents hommes avoient péri faute de subsistance, à l'exception de vingt-quatre ; sur ce nombre, vingt-trois s'étant embarqués pour la rivière de la Plata, on n'en a jamais eu de nouvelles. Le dernier, nommé *Gernando*, fut amené en Angleterre par Cavendish, qui appela la baie *Port-Famine*.

Nous trouvâmes un bon mouillage dans une baie sous le cap *Galand* ; un lagon considérable y offre un havre excellent. Cette côte est très-élevée, et couverte de montagnes : le maître du *swallow* monta sur une des plus hautes, dans l'espoir de découvrir la mer du Sud; mais il trouva que la perspective étoit bornée par d'autres montagnes plus hautes encore. Avant de descendre, il forma une pyramide sur cette montagne, dans laquelle il laissa une bouteille qui contenoit un shelling, et un papier qui portoit le nom du vaisseau et la date de son arrivée; monument qui subsistera peut-être, dans ce lieu désert, jusqu'à la destruction du globe.

Nous visitâmes la baie *Descordes*; elle ne nous parut point aussi bonne que celle où nous mouillions alors sous le cap Galand. Nous remarquâmes, dans ce lieu, un quadrupède ressemblant à un âne, mais qui avoit l'agilité d'un daim. En suivant ses traces, nous nous aperçûmes qu'il avoit les pieds fourchus : il est probable qu'il est inconnu aux naturalistes d'Europe.

Tout ce pays présente l'aspect le plus sauvage. Du pied des montagnes qui s'élèvent des deux côtés du détroit, jusqu'au quart de leur hauteur prodigieuse, on voit de très-beaux arbres; jusqu'au milieu, ce ne sont que des arbustes desséchés; au-dessus, il n'y a plus que des tas de neige, et leur sommet forme des masses de rochers entassés les uns sur les autres, qui se perdent dans les nues.

Le 27, nous levâmes l'ancre, et le 29, j'envoyai les chaloupes pour faire de l'eau. Aussitôt, trois pirogues se détachèrent de la côte méridionale, et débarquèrent, près de nos gens, seize Américains; ceux-ci appelèrent les premiers, en leur faisant des signes d'amitié. On leur montra des fils de rassade, et quelques autres bagatelles dont la vue leur fit pousser des cris de joie : nos gens imitèrent ces cris, et les Américains continuèrent à s'avancer, criant toujours, et riant aux éclats. On se joignit, on se frappa mutuellement dans les mains, en signe de bonne intelligence, et les sauvages reçurent les présens qu'on leur avoit montrés de loin.

Ces Patagons étoient de la même couleur, mais plus petits de taille que ceux que nous avions vus, le

plus grand ne passant pas cinq pieds
six pouces. Ils étoient couverts de
peaux de veaux marins; tout leur
corps exhaloit une odeur puante.
Plusieurs d'entr'eux dévoroient des
poissons crus et de la viande pour-
rie, qu'ils paroissoient manger avec
le plus grand plaisir. Il est difficile
de concevoir comment des hommes
peuvent habiter un pareil climat
pendant l'hiver; car il tomboit déja
de la neige, et ils étoient transis de
froid. Ils se hâtèrent d'allumer du
feu; et, pour cet effet, ils frappèrent
un caillou contre un morceau de
mondic, en ayant soin de tenir dessous, pour recevoir les étincelles,
un peu de mousse, mêlée d'une terre
blanchâtre, qui prit feu très-facile-
ment. Au moyen de cette espèce

d'amadou, qu'ils placèrent sur de l'herbe sèche, ils enflammèrent celle-ci en une minute, en l'agitant.

La chaloupe nous amena à bord trois Américains, qui ne témoignèrent de l'attention que pour nos habits et un miroir. Ce dernier objet, sur-tout, les étonna ; ils y jetèrent d'abord les yeux, et se tournèrent aussitôt, nous regardant et se regardant les uns les autres d'un air d'inquiétude; mais ils y reportèrent brusquement la vue, comme pour surprendre ce qui s'y passoit, et se retournant, comme la première fois, ils alloient examiner, avec empressement, le derrière de la glace. Peu à peu ils s'habituèrent à ce qui les avoit d'abord surpris; ils sourioient devant la glace ; et, voyant l'image sourire aussi, ils poussoient de grands éclats de rire. Ils quittèrent cependant cet objet d'amusement, avec la plus profonde indifférence.

Je les accompagnai à terre, où je trouvai leurs femmes et leurs enfans ; je leur donnai quelques bagatelles, pour lesquelles ils me cédèrent quelques-unes de leurs armes, et plusieurs morceaux de mondic, semblable à celui qu'on trouve dans les mines d'étain de Cornouailles. Comme ils nous firent comprendre qu'ils les avoient pris sur les montagnes, il est présumable qu'elles renferment des mines d'étain, ou peut-être même d'autres métaux plus précieux encore.

En nous quittant, ces Américains élevèrent une peau de veau marin, en guise de voile, et ils allèrent aborder à la côte méridionale. Nous fîmes la singulière remarque, qu'aucun d'eux, dans la traversée, ne tourna la tête pour voir le vaisseau : cela prouve combien est éphémère l'impression que font, sur ces sauvages, les objets qu'ils voient pour la première fois ; occupés du moment présent, ils ne reportent jamais leurs idées sur le passé.

Le 4 février, nous mouillâmes à la rade d'Yorck, près du canal *Saint-Jérôme* et de la rivière *Batchelor*, où l'on peut faire de l'eau. Je remontai cette rivière l'espace de trois milles, et entre le mont *Misère* et une autre montagne très-élevée, j'eus le spectacle d'une cataracte dont la vue et le bruit sont très-imposans. La chute d'eau est d'environ quatre cents verges ; elle coule sur un terrain escarpé à la moitié de cette hauteur, et à l'autre moitié, elle tombe perpendiculairement.

Le 17 février, nous trouvâmes un mouillage dans une petite baie, que nous appelâmes *baie de Butler*, du nom d'un de nos contre-maîtres, qui la découvrit. Quelques jours après, nous essuyâmes des coups de vent très-violens. J'appris que le *Swallow* avoit peu souffert ; mais son commandant me dit que son vaisseau gouvernoit si mal, que, ne pouvant plus être utile à l'expédition, il me prioit de lui prescrire ce qui seroit le plus convenable pour le bien public. Je répondis que les lords de l'amirauté ayant ordonné au *Swallow*, d'accompagner le *Dauphin*, je ne pouvois l'en dispenser; mais qu'au surplus, je réglerois ma marche sur la sienne.

J'envoyai le maître du vaisseau chercher un mouillage; il débarqua dans une grande île, sur la côte septentrionale du canal de *Snow*. Après y avoir allumé du feu avec quelques petits arbres, afin de se réchauffer, il monta sur une éminence, avec deux autres personnes, pour examiner le détroit et les tristes climats qui l'environnent. Il observa que le pays qui borde la côte sud, étoit le plus horrible qu'il eût encore vu. C'est un amas de montagnes arides depuis leur base jusqu'à leur sommet, et qui se perdent dans
les

les nuages; on n'y voit pas un seul brin d'herbe. Les vallées sont ensevelies sous de profondes couches de neige; et même, dans les lieux d'où les torrens ont entraîné les neiges, il n'y a pas la moindre apparence de verdure.

Le 3 mars, nous essuyâmes une tempête furieuse, accompagnée de grêle, de pluie et de violentes rafales; elle dura jusqu'au 7. On étoit si généralement convaincu que le *Swallow* y succomberoit, que quelques personnes s'imaginèrent voir des matelots qui venoient se réfugier dans le vaisseau, à travers les rochers. J'appris cependant bientôt, que le *Swallow* étoit hors de danger; mais l'équipage étoit épuisé de fatigues.

Le froid devint si vif que je fis distribuer, tant aux gens de notre équipage qu'à ceux du *Swallow*, des balles d'une grosse étoffe de laine, appelée *fearnougth*, dont on fit des capotes pour les matelots. Je fis faire d'autres capotes, d'une étoffe plus fine, pour les officiers des deux bâtimens.

Nous restâmes une semaine toute entière dans cette position; et, pendant ce temps-là, je fis réduire aux deux tiers les rations des deux équipages, à l'exception de l'eau-de-vie. Le 16, nous mouillâmes dans un excellent havre, à l'abri de tous les vents, où le *Swallow* entra le premier, et que j'appelai *havre du Swallow*.

Nous levâmes l'ancre pour gagner la baie *Upright* ; mais nous fûmes saisis par un brouillard qui nous empêcha d'avancer, de crainte de toucher sur les rochers ou les îles qui nous environnoient. Le brouillard s'étant enfin dissipé, nous mouillâmes, le 8 mars, dans la soirée.

Le lendemain, nous remîmes en mer, et nous fûmes bientôt environnés de canots pleins d'Américains. Ils avoient, dans leurs pirogues, de la chair de veau marin, de la graisse de baleine et des pingoins, qu'ils mangeoient tout cruds. Un de nos gens présenta à un Américain un poisson qu'il venoit de prendre à la ligne ; celui-ci le saisit avec l'avidité d'un chien à qui on donne un os ; il le tua d'abord, d'un coup de dent près des ouïes, et il le mangea tout entier, sans en excepter les arêtes et tout ce qu'on rejette ordinairement. Ces Américains acceptèrent tout ce qu'on leur offrit, mais ils ne voulurent boire que de l'eau. Ils étoient vêtus d'une peau de veau marin qui leur couvroit l'épaule, et ne passoit pas la ceinture ; ils quittoient même cette peau lorsqu'ils ramoient. Pour armes, ils avoient des javelines dont la pointe étoit formée avec un os ; un seul d'entr'eux avoit un bâton, au bout duquel étoit attaché un morceau de fer, que l'on pouvoit regarder plutôt comme un outil que comme une arme. Ces sauvages ont les yeux malades, à cause de la fumée de leurs feux ; ils exhalent l'odeur la plus désagréable.

Les canots étoient faits à peu près comme ceux que nous avions déjà vus dans le détroit ; rien n'annonçoit chez eux l'industrie. Je leur fis présent d'une hache, de quelques grains de verre, et nous nous quittâmes.

Les orages qui régnèrent pendant quelques jours, nous causèrent plusieurs dommages, entr'autres la perte de notre cheminée, que nous fûmes obligés de rétablir, et de pourvoir d'une nouvelle plaque. Nous fîmes, avec des coquilles brûlées, la chaux que nous employâmes. Le même accident et la même réparation eurent lieu à bord du vaisseau du capitaine Carteret.

Le premier avril, quelques Américains nous donnèrent, pour des choses de peu de valeur, quelques oiseaux appelés *race-horses*. Le lendemain, nous reçûmes la visite de deux canots, contenant chacun quatre hommes et trois enfans, qu'ils paroissoient tendrement aimer, et à qui je donnai des colliers et des bracelets. Notre chaloupe étant partie pour aller faire de l'eau et du bois, tous les Américains s'embarquèrent dans leurs canots, et s'enfuirent en poussant de grands cris. Nos gens aperçurent bientôt des femmes qui étoient occupées à ramasser des moules sur le rivage; ils conçurent que la jalousie des maris étoit la cause de leur fuite, et ils se laissèrent devancer, pour leur ôter toute inquiétude.

Le 5 avril, plusieurs personnes

ayant la dyssenterie, le chirurgien nous engagea à ne plus ramasser de moules. L'incertitude du temps nous retint jusqu'au 10, jour auquel nous remîmes à la voile. Nous forçâmes de voiles pour sortir du détroit, et le lendemain, à onze heures, un courant nous portant sur les îles de *Direction*, nous fûmes obligés de faire autant de voile que nous pûmes pour les éviter. Cette circonstance nous fit perdre de vue le *Swallow*, que nous n'avons plus revu depuis, la mer étant trop grosse pour que nous pussions rentrer dans le détroit.

C'est ainsi que nous nous éloignâmes de cette contrée sauvage, où pendant près de quatre mois nous avions lutté sans cesse contre les élémens.

CHAPITRE III.

Route du détroit de Magellan jusqu'à Otahiti. — Récit de ce qui nous arriva.

MALGRÉ toutes nos précautions, quelques-uns de nos gens furent bientôt attaqués du scorbut. Le 6 juin, un matelot, nommé Puller, découvrit terre de la grande hune; c'étoit une île basse, que je chargeai M. Furneaux d'aller reconnoître. Comme elle avoit été découverte la veille de la Pentecôte, je la nommai île *Whitsunday* (île de la *Pentecôte*). Près de cette île, il y en avoit une autre que je nommai *île de la Reine Charlotte*, en l'honneur de la reine de la Grande-Bretagne. Nos bateaux y prirent des noix de cocos, des fruits de palmiers et des plantes anti-scorbutiques. Les habitans de cette île sont d'une taille moyenne, leur teint est brun, et leurs cheveux noirs tombent sur leurs épaules; les hommes sont bien faits, et les femmes belles. Leur vêtement consistoit en une pièce d'étoffe grossière, passée autour des reins, et qui sembloit destinée à être relevée sur les épaules. Un de ces insulaires nous vola un mouchoir de soie avec la plus grande dextérité. Cette île peut avoir six milles de long sur un mille de large. Lorsque nous la quittâmes, nous y laissâmes un pavillon anglois, et sur l'écorce de plusieurs arbres, la date de notre arrivée et le détail de la prise de possession de l'île, au nom de sa majesté Georges III. Nous découvrîmes successivement, le jour suivant, les îles de *Gloucester*, de *Cumberland*, du *prince Guillaume Henri*, et l'île d'*Osnabruck*, où nous fîmes quelques échanges.

Le 19 juin, nous eûmes connoissance, à la pointe du jour, d'une terre, qu'un brouillard épais nous déroba aussitôt. Lorsque le temps se fut éclairci, nous fûmes fort étonnés de nous trouver au milieu de plusieurs centaines de canots, qui pouvoient bien contenir huit cents Indiens. Après s'être concertés entr'eux, un des leurs, tenant à la main une branche de bananier, s'approcha de nous, et ayant parlé pendant un quart-d'heure, il jeta sa branche dans la mer.

Sur les invitations réitérées que nous leur faisions, un jeune homme se détermina à venir à bord, et fut bientôt suivi de plusieurs autres. Une chèvre, qui vint heurter un de ces Indiens par derrière, leur causa la plus grande frayeur. Pendant qu'un de nos officiers cherchoit à se faire entendre de l'un d'eux par signes, un autre lui enleva furtivement son chapeau, se jeta à la mer, et l'emporta à la nage.

Le pays, le long de la côte, est plat, et couvert d'arbres entre lesquels on voit les cabanes des insulaires, que l'on prendroit pour des granges. Le terrain s'élève graduellement dans l'intérieur, et se termine par des hauteurs d'où de grandes rivières descendent jusqu'à la mer. Les Indiens commirent quelques hostilités contre une de nos chaloupes. Celui qui la commandoit, tira un coup de fusil sur un des agresseurs, et le blessa à l'épaule. Peu de temps après, une grande pirogue s'approcha du vaisseau. Un des Indiens qui la montoit, fit un discours, et jeta une branche de bananier dans le vaisseau : nous leur jetâmes celle que nous avions reçue à l'île Charlotte, et ils parurent satisfaits.

Le 21, il y eut encore une escarmouche, par suite de laquelle un Indien fut tué, et un autre blessé grièvement.

grièvement. Leurs compagnons essayèrent inutilement de les tenir debout ; ils en soutinrent un assis, et ils étendirent l'autre, qui étoit mort. Les officiers des chaloupes me dirent qu'une multitude d'Indiens qui étoient à terre, les pressoient de descendre, sur-tout les femmes, qui, se mettant toutes nues sur le bord du rivage, cherchoient à les attirer par des gestes peu équivoques. Les Indiens à qui on envoya des futailles pour les remplir d'eau, en retinrent plusieurs pour engager nos gens à descendre ; et lorsque ceux-ci s'éloignèrent, les femmes les accablèrent de huées, leur jetèrent des bananes et des pommes, et leur témoignèrent beaucoup de mépris.

Nous faillîmes échouer sur un rescif, et ce ne fut pas sans de grandes difficultés que nous parvînmes à mouiller dans une bonne baie où nous touâmes notre vaisseau. Nous fûmes visités, dans cet endroit, par un grand nombre d'Indiens qui nous apportèrent des fruits, des cochons, et même de jeunes femmes rangées par file dans les canots, et qui prirent devant nous toutes sortes de postures lascives. Nous vîmes, avec quelque déplaisir, des barques chargées de pierres, s'approcher de notre vaisseau : quelques Indiens chantoient d'une voix rauque ; d'autres souffloient dans des conques marines, ou jouoient de la flûte.

Un homme qui étoit couché sur

une sorte de canapé placé sur une double pirogue, vint à bord, et donna à un matelot une aigrette de plumes rouges et jaunes, et lui fit signe de me la remettre. Je reçus ce présent avec des démonstrations d'amitié, et je me disposois à lui offrir quelque chose en retour, lorsqu'à ma grande surprise, je le vis s'éloigner et jeter une branche de cocotier qu'il tenoit à la main. A ce signal, un cri général partit de toutes les pirogues, et les Indiens, en avançant sur nous de tous les côtés, nous assaillirent d'une grêle de pierres. Je n'avois d'autre manière de riposter à cette attaque, qu'en faisant faire feu, et je fis tirer à mitraille. Cette première décharge ne les empêchant pas de recommencer leur attaque, tous ceux de nos gens qui étoient en état de se transporter sur le pont, y prirent poste. Je fis tirer les grosses pièces, et on en dirigea constamment deux sur l'endroit où les Indiens s'embarquoient pour venir nous attaquer. Il pouvoit y avoir dans ce moment, autour du vaisseau, trois cents canots portant deux mille Indiens, qui commencèrent à se retirer. Je fis alors cesser le feu, espérant qu'ils renonçoient à toutes tentatives.

J'eus la douleur d'être bientôt convaincu de mon erreur. Les pirogues se rallièrent, déployèrent toutes à la fois des pavillons blancs, et nous lancèrent de loin, avec leurs frondes, des pierres qui pesoient environ deux livres, et qui blessèrent quelques-uns de nos gens. Les Indiens attaquèrent, cette fois, l'avant du vaisseau, ayant sans doute observé qu'on n'avoit point tiré de cette partie. J'y fis promptement porter quelques pièces, ainsi qu'à l'arrière du bâtiment. Par bonheur, un boulet de canon de l'avant tira si heureusement, qu'il sépara en deux une double pirogue. (*Voy*. Planche II, Ire Atlas.) Cet événement occasionna une retraite si précipitée, qu'en une demi-heure toutes les pirogues disparurent, et que les Indiens s'enfuirent vers les collines.

Cette retraite facilita beaucoup nos opérations dans la baie, et nous n'eûmes plus qu'à nous tenir sur nos gardes. M. Furneaux débarqua sans opposition, arracha une motte de terre, et planta un bâton de pavillon dans l'île dont il prit possession, au nom de sa majesté le roi de la Grande-Bretagne, en l'honneur de qui elle fut appelée *île du roi Georges III*. Pendant que M. Furneaux examinoit l'eau d'une rivière qui se jette dans la baie, il aperçut deux vieillards de l'autre côté. Sur son invitation, un seul se détermina à passer la rivière, et s'avança en rampant sur ses mains et sur ses genoux. M. Furneaux le releva, chercha à lui faire entendre que notre intention n'étoit point de faire de mal aux habitans. Pour le rassurer, il lui fit présent d'une hache, de quelques clous, et se rembarqua.

Lorsque nos bateaux se furent éloignés, le vieillard vint danser autour du pavillon, puis il se retira. Il apporta ensuite quelques branches d'arbres vertes, qu'il jeta à terre, et il se retira une seconde fois. Il revint, une troisième fois, avec une douzaine d'habitans qui s'approchèrent du pavillon et se mirent dans une posture suppliante. Le vent ayant agité le pavillon dans ce moment, ils s'enfuirent avec frayeur. Ils se mirent ensuite à danser autour du pavillon.

Le vieillard vint seul à bord dans une pirogue, avec des cochons qu'il nous apporta. Il nous donna quelques feuilles de bananier qu'il tenoit à sa main, prononçant à mesure quelques paroles d'un ton grave et imposant. Il s'en retourna sans vouloir rien accepter.

J'envoyai les chaloupes faire de l'eau le 26. Le pavillon avoit disparu ; probablement les habitans avoient appris à le mépriser, comme les grenouilles de la fable, le soliveau qu'elles avoient pour roi. Nous vîmes bientôt de nouveaux préparatifs d'attaque. Les Indiens s'étant emparés des pièces d'eau que nous avions sur le rivage, s'avançoient de rechef contre notre vaisseau, dans des pirogues chargées de cailloux, lorsque, pour abréger le combat et le rendre moins meurtrier, je fis sur-le-champ tirer sur les pirogues. L'effet de cette mesure fut très-prompt; en un instant les Indiens se furent retirés sur le rivage;

et de là sur une colline, où les femmes et les enfans s'étoient réunis pour voir en sûreté le combat. Pour les convaincre de notre supériorité, je fis tirer sur ce point quatre coups rasans, et en moins de deux minutes, ils disparurent tout-à-fait.

Je fis alors débarquer des charpentiers, qui détruisirent une cinquantaine de pirogues, dont quelques-unes avoient soixante pieds de long et trois pieds de large : elles ne contenoient que des pierres et des frondes. A deux heures de l'après-midi, quelques habitans apportèrent des branches vertes qu'ils plantèrent à bord ; ils apportèrent aussi successivement des cochons qui avoient les jambes liées, et des chiens à qui ils avoient lié les pattes de devant par-dessus la tête, et que pour cette raison nous prenions, de loin, pour des animaux inconnus. Ils placèrent tous ces objets auprès des branches, avec quelques pièces d'une étoffe qui ressemble au *papier des Indes*, et ils nous appelèrent. Les gens du bateau que j'envoyai, prirent les neuf cochons qu'ils trouvèrent, délièrent les chiens, et laissèrent sur le rivage des haches, des clous, en faisant signe aux Indiens de venir le prendre ; mais ils ne prirent point l'étoffe. Les Indiens apportèrent encore deux cochons, que le bateau alla chercher, mais il n'emporta point l'étoffe, malgré tous les signes des Indiens, qui de leur côté n'avoient point touché à nos présens.

Quelqu'un m'ayant fait observer que peut-être les Indiens refusoient nos présens, parce que nous n'acceptions point les leurs, je les fis enlever, et aussitôt les Indiens s'emparèrent des nôtres avec de grandes démonstrations de joie. On retrouva sur les bords de la rivière les futailles que nous y avions laissées; l'officier que j'avois envoyé les fit remplir, et eut bientôt occasion de rétablir notre amitié avec les Indiens. Le vieillard dont il a été question reparut sur le bord de la rivière, accompagné d'autres insulaires. L'officier chercha à lui faire comprendre, en lui montrant les pierres rangées sur le rivage comme des boulets de canon, que nous avions dû repousser leur agression. Le vieillard n'eut pas l'air d'en convenir; mais, se tournant vers ses compagnons, il leur montra les frondes et les pierres, et leur fit un discours qui paroissoit très-pathétique, mais auquel l'officier ne comprit rien. Celui-ci l'embrassa, et lui serra la main; il lui fit comprendre que nous desirions avoir des provisions, mais que les Indiens devoient se tenir sur le bord de la rivière opposé à celui où nous étions.

Cet arrangement amena un commerce régulier qui nous procura en peu d'instans assez de cochons, de volaille et de fruits pour en fournir à tous les hommes de notre équipage. Je fis établir près de l'aiguade

guade une tente où l'on transporta les malades, que je mis sous la direction du chirurgien et d'un détachement. En se promenant avec son fusil, le chirurgien vit passer un canard, qu'il tira : ce canard tomba près de quelques Indiens, qui se mirent à fuir. Il leur fit signe de lui apporter le canard ; il n'y en eut qu'un qui fut assez hardi pour s'y déterminer, en témoignant une grande frayeur. Au même instant, une volée de canards vint à passer, le chirurgien en tua trois d'un seul coup ; et nous eûmes tout lieu de penser, par la suite, que cet événement avoit beaucoup influé sur la soumission qu'on nous témoigna.

Le vieillard nous fut extrêmement utile, par son zèle à nous faire restituer tout ce qu'on nous déroboit, en menaçant simplement du fusil. Un jour, le canonnier qui commandoit ce poste, s'étant aperçu qu'il lui manquoit une hache, s'en plaignit au vieillard, et exigea qu'il lui livrât le voleur, ce qu'il fit avec répugnance. L'Indien fut reconnu pour avoir fait d'autres vols, et conduit à bord. Comme je jugeai que la crainte du châtiment étoit une assez forte punition, je le renvoyai à terre, où ses compatriotes le reçurent avec des acclamations, et l'emmenèrent dans les bois. Le lendemain, il apporta du fruit à pain et un gros cochon rôti, comme s'il eût voulu par-là réparer sa faute.

CHAPITRE IV.

Commerce régulier avec les Otahitiens, Arrivée de la Reine de l'île.

Le 29 juin, l'on trouva un gros morceau de salpêtre ; il fut impossible de savoir s'il étoit l'un des produits de l'île, ou si quelques-uns de nos gens l'avoient apporté du vaisseau. Ceux-ci nièrent le fait, et nous ne pûmes nous faire comprendre des Indiens.

Le 2 juillet, les vivres diminuèrent, et le vieillard fut absent; trois jours après, il reparut, et fit entendre au canonnier que, les provisions étant rares, il avoit été obligé d'en aller chercher plus loin dans l'intérieur du pays. Tandis que nos gens se trouvoient à terre, on permit à quelques jeunes femmes de passer la rivière. Quoiqu'elles fussent toutes disposées à accorder leurs faveurs, elles en connoissoient trop le prix, pour les donner gratuitement. Le tarif étoit modique, mais nos gens n'avoient pas toujours le moyen de l'acquitter; ce qui les exposa à la tentation de s'emparer de tous les clous, de tout le fer qu'ils pouvoient dérober du navire. Comme les clous que nous avions apportés pour commercer, n'étoient pas toujours sous leurs mains, ils en détachèrent de différentes parties du bâtiment, notamment ceux qui attachent les *taquets d'armures* aux côtés du vaisseau. Il en résulta un double inconvénient, le dommage que souffrit le navire, et une hausse sensible dans le prix des denrées.

Lorsque le canonnier offroit, suivant l'usage, de petits clous pour des cochons de médiocre grosseur, les insulaires les refusoient, en en montrant de plus grands ; ils exprimoient qu'ils en vouloient de pareils. Malgré la forte récompense que je promis au dénonciateur, toutes recherches pour découvrir les coupables furent vaines. Ce contre-temps me fit beaucoup de peine, mais je fus plus mortifié encore d'une fraude dont l'équipage s'étoit servi pour tromper les habitans. Ne pouvant se procurer des clous, nos gens déroboient le plomb et le tailloient en forme de clous. Plusieurs des insulaires, payés de cette fausse monnoie, avoient la simplicité de reporter ces clous de plomb au canonnier, et d'en demander de fer en place.

Toute juste que fût leur demande, il ne pouvoit y satisfaire, parce qu'en recevant le plomb *monnoie*, j'en aurois encouragé la soustraction. Il falloit donc absolument décrier la monnoie des clous de plomb, quoique pour notre honneur j'eusse été bien-aise d'accorder une équitable indemnité aux Indiens abusés.

Le 7, j'envoyai un des contre-maîtres, avec trente hommes, à un village peu distant du marché, dans l'espoir qu'on pourroit y acheter des denrées à l'ancien prix, mais ils les payèrent encore plus cher. Ce jour-là, je fus, pour la première fois, en état de sortir ; et comme le temps étoit superbe, je fis, en bateau, quatre milles le long de la côte. Je trouvai cette plage fort peuplée et très-agréable. Je rencontrai plusieurs pirogues, mais aucune ne s'approcha de mon esquif ; les habitans ne sembloient point prendre garde à nous. Je retournai au vaisseau vers midi. Le commerce que nos gens avoient établi avec les femmes, les rendoit beaucoup moins dociles à mes ordres. Je crus devoir faire lire les articles des ordonnances. Je punis Jacques Proctor, caporal des garde-marines, qui, non-seulement avoit abandonné son poste et insulté l'officier, mais qui avoit frappé au bras le maître d'équipage, d'un coup assez violent pour le renverser à terre.

Cependant notre marché étoit toujours mal approvisionné. J'examinai le vaisseau avec plus de soin, pour découvrir d'où on avoit arraché des clous. Nous trouvâmes tous les taquets détachés ; il n'y avoit presque pas un hamac auquel on eût laissé ses clous. Je n'eus pas plus de succès qu'auparavant, à découvrir les voleurs.

Le samedi 11 juillet, dans l'après-midi, le canonnier vint à bord, avec une grande femme qui paroissoit âgée d'environ quarante-cinq ans, d'un maintien agréable et d'un port majestueux. Il me dit qu'elle étoit récemment arrivée dans cette partie de l'île, et que, remarquant le grand respect qu'avoient pour elle les habitans, il lui avoit fait quelques présens ; qu'elle l'avoit engagé à venir dans sa maison, située dans la vallée, à environ deux milles, et qu'elle lui avoit donné des cochons ; après quoi elle étoit retournée à l'aiguade avec lui, et lui avoit manifesté le desir d'aller au vaisseau. Elle montroit de l'assurance dans ses actions, et paroissoit sans crainte et sans défiance, même dans les premiers momens de son entrée dans le bâtiment. Pendant tout le temps qu'elle fut à bord, elle se conduisit avec cette liberté qui caractérise les personnes accoutumées à commander. Je lui donnai un grand manteau bleu, que j'attachai sur ses épaules avec des rubans, et qui descendoit jusqu'à ses pieds ; j'y ajoutai un miroir, différentes sortes de rassade, et d'autres objets qu'elle reçut de bonne grâce et d'un air très-satisfait. Elle observa que j'avois été malade, et du doigt me montra le rivage. Je conçus qu'elle m'invitoit à aller à terre pour me rétablir entièrement, et je tâchai de lui faire comprendre que je m'y rendrois le lendemain matin. Lorsqu'elle voulut s'en aller, j'ordonnai au canonnier de l'accompagner. Après l'avoir débarquée, il la reconduisit jusqu'à sa demeure, qu'il me dépeignit comme vaste et bien bâtie. Il me dit qu'elle avoit beaucoup de gardes et de domestiques, et que non loin de cette maison, elle en possédoit une autre, enfermée d'une palissade.

Le 12 au matin, j'allai, pour la première fois, à terre ; et ma princesse, ou plutôt ma reine, car elle sembloit en avoir l'autorité, se rendit vers moi, accompagnée d'un cortége nombreux. (*Voyez* la planche III du Ier Atlas.) S'apercevant de la foiblesse que m'avoit causée ma maladie, elle ordonna à ses gens de me prendre sur leurs bras et de me porter ainsi jusqu'à sa maison. On rendit, par ses ordres, le même service à mon premier lieutenant, au munitionnaire, et à d'autres de nos compagnons, dont la maladie avoit épuisé les forces. J'avois commandé un détachement, qui nous suivit. La foule se pressoit sur notre passage ; mais au premier mouvement de sa main, sans qu'elle proférât un mot, la multitude s'écartoit et nous laissoit passer librement. Quand nous fûmes près de sa maison, un grand nombre de personnes des deux sexes vinrent au-devant d'elle. Elle me les présenta, en m'annonçant, par ses gestes, qu'ils étoient ses parens : elle me prit la main, et la leur donna à baiser. Nous entrâmes dans la maison, qui occupoit un espace de trois cent vingt-sept pieds de longueur, sur quarante-deux de largeur : elle étoit formée d'un toit recouvert de feuilles de palmiers, soutenu par trente-neuf piliers de chaque côté, et quatorze dans le milieu. La partie

intérieure

intérieure la plus élevée du toit, avoit trente pieds de haut ; les côtés de la maison, au-dessous des bords du toit, en avoient douze, et étoient ouverts.

Dès que nous fûmes assis, elle appela quatre jeunes filles auprès de nous, les aida elle-même à m'ôter mes souliers, mes bas et mon habit, et leur enjoignit de me frotter doucement la peau avec leurs mains. On fit la même cérémonie à mon premier lieutenant et au munitionnaire ; mais non point à ceux qui paroissoient bien portans. Sur ces entrefaites, notre chirurgien, qui s'étoit fort échauffé en marchant, ôta sa perruque pour se rafraîchir. A cette vue, le cri subit d'un Indien attira l'attention générale sur ce prodige qui fixa tous les regards ; et suspendit même les soins que prenoient de nous les jeunes filles. Toute l'assemblée demeura quelque temps immobile et dans la stupeur de l'étonnement, qui n'eût pas été plus fort, s'ils eussent vu notre compagnon séparer un des membres de son corps. Cependant les Indiennes qui nous frottoient reprirent bientôt leur occupation, qu'elles continuèrent près d'une demi-heure ; après quoi elles nous rhabillèrent assez mal-adroitement, comme on peut le croire : ensuite notre généreuse bienfaitrice fit apporter quelques ballots d'étoffes, avec lesquelles elle nous habilla à la mode du pays. Je me refusai d'abord à cette faveur ; mais ne voulant point paroître mécontent d'une chose qu'elle jugeoit devoir me plaire, je cédai à ses instances. A notre départ, elle nous fit présent d'une truie pleine, et nous suivit jusqu'au bateau. Elle vouloit qu'on me portât encore; mais comme je préférois marcher, elle me prit par le bras, et toutes les fois qu'il se trouvoit sur notre chemin de la boue ou des mares d'eau à traverser, elle me soulevoit avec autant de facilité que, dans l'état de santé, j'en aurois eu pour faire la même chose à un enfant.

Le lendemain matin, je lui fis porter, par le canonnier, six haches, six faucilles, et d'autres présens. Mon messager, de retour, me rapporta qu'il avoit trouvé la reine donnant un banquet à un millier de personnes. Ses domestiques lui portoient les mets tout préparés ; savoir, la viande, dans des noix de cocos, et les coquillages, dans des espèces d'augets de bois, semblables à ceux dont se servent les bouchers anglois. Elle les distribuoit ensuite, de ses propres mains, à tous les convives, assis et rangés autour de la grande maison.

Quand cela fut fait, elle se plaça elle-même sur une estrade, et deux femmes assises à ses côtés, lui servirent à manger, en lui présentant les morceaux avec leurs doigts. Elle n'avoit que la peine d'ouvrir la bouche. Lorsqu'elle aperçut le canonnier, elle lui fit donner une portion. Il ne put pas nous dire ce que c'étoit, mais il pensoit que c'étoit une poule hachée en menus morceaux, avec des pommes, et assaisonnée avec de l'eau salée. Au surplus, le plat lui parut fort bon. La reine accepta mes dons, et en parut satisfaite.

Après que ces relations avec la reine furent établies, les denrées de toute espèce furent plus abondantes au marché ; mais nous n'en fûmes pas moins forcés de les payer plus cher qu'à notre arrivée.

Le 14, le canonnier se trouvant à terre pour nos achats, aperçut sur le bord opposé de la rivière, une vieille femme qui pleuroit amèrement : quand elle s'aperçut qu'on l'avoit observée, elle envoya un jeune homme qui étoit près d'elle au-delà de la rivière, avec une branche de bananier à la main. Quand il fut parvenu de notre côté, il fit une longue harangue, en déposant sa branche aux pieds du canonnier. Il retourna, et revint ensuite, amenant la vieille femme, tandis qu'un autre homme apportoit deux cochons très-gras. L'Indienne examina tous nos gens l'un après l'autre, et fondit en larmes. On ne savoit d'abord quel étoit le sujet de sa douleur; mais on comprit, à la fin, qu'elle avoit perdu son mari et trois de ses enfans : l'explication qu'elle-même en donna, l'affecta au point qu'elle tomba, ne pouvant plus parler. Lorsqu'elle fut revenue à elle-même, elle donna deux cochons au canonnier, et lui serra la

main en signe d'amitié. Il lui offrit
dix fois la valeur de ses cochons au
prix du marché ; mais elle refusa
de rien accepter.

Le 15 juillet, j'envoyai le second
lieutenant avec des bateaux et soixante hommes ; il fit une excursion
à six milles le long de la côte. Il observa que ce pays est très-peuplé, et
que les habitans ne se servoient que
d'outils de pierres, de coquilles et
d'os ; ils n'ont aucun vase de terre ;
aussi tous leurs alimens sont-ils cuits
au four ou rôtis. Ils ne se doutent pas
plus que l'eau puisse être échauffée
que rendue solide ; nous en eûmes
un jour la preuve: La reine déjeû-
noit à bord du vaisseau ; un Indien
de sa suite ayant vu le chirurgien
remplir la théière, et tourner le ro-

binet, il s'avisa d'en faire autant, et reçut l'eau sur la main. Dès qu'il se sentit brûlé, il se mit à crier et à danser autour de la chambre, en donnant les marques les plus extravagantes de la douleur et de l'étonnement.

Le 16, M. Furneaux, mon second lieutenant, tomba malade : cela se trouva d'autant plus désagréable, que mon premier lieutenant et moi n'étions point encore rétablis. Les deux jours suivans, nous reçûmes beaucoup de provisions. Le soir, le maître d'équipage reconduisit la reine qui étoit venue à bord. Lorsqu'ils furent débarqués, elle le prit par la main, fit un long discours au peuple, et l'emmena à sa maison, où elle l'habilla de la même manière que nous l'avions été précédemment.

Le 20, on s'aperçut que Francis Pincknek, un des matelots, avoit arraché les taquets de la grande croûte, et, après avoir dérobé les clous à fiches, les avoit jetés dans la mer. Je le condamnai, en présence de tout l'équipage rassemblé, à courir trois fois la bouline, en faisant le tour du tillac; mais comme la plus grande partie de l'équipage étoit coupable du même délit, il fut traité si doucement, que ce fut plutôt une sorte d'encouragement pour les autres, qu'un exemple de châtiment. Pour remédier à un si dangereux abus, j'interdis à chacun d'aller à terre, excepté à ceux qui y étoient occupés utilement.

Le lendemain, la reine m'emmena à sa maison, et me fit présent d'une aigrette de plumes, qu'elle attacha à mon chapeau; elle y mit aussi, ainsi qu'aux chapeaux de ceux qui m'accompagnoient, une espèce de guirlande de tresses de cheveux, en nous indiquant que c'étoient ses propres cheveux qu'elle avoit tressés. Elle nous donna encore quelques jolies nattes très-bien faites. Avant de m'en séparer, je lui fis entendre, par signes, que je quitterois l'île dans vingt jours; elle me proposa, de la même manière, d'y demeurer encore vingt : sur mon refus, elle se mit à pleurer, et j'eus de la peine à la consoler.

Notre entre-pont étoit alors rempli de cochons et de volailles; ils ne vouloient manger que du fruit, et cela nous obligea de les tuer beaucoup plutôt que nous n'aurions voulu. J'ai cependant fait présent, à mon retour en Angleterre, d'un cochon et d'une truie à M. Stephens, secrétaire de l'amirauté : la truie est morte depuis en cochonnant; le mâle existe encore.

Le 24, j'envoyai à la reine plusieurs présens, entr'autres objets, une chatte pleine, des coqs, des miroirs, des chemises, des aiguilles, du fil, une bêche, deux pots de fer, quelques cuillers, et seize sortes de semences potagères. Nous plantâmes aussi des légumes; mais il n'en restoit rien quand le capitaine Cook visita l'île. De son côté, elle donna, au canonnier, dix-huit cochons et quelques fruits. J'envoyai M. Gore, avec plusieurs soldats de marine, vingt-quatre matelots et quelques officiers de poupe, pour visiter l'intérieur du pays, leur enjoignant d'allumer un feu pour signal, s'ils étoient attaqués. Après leur départ, j'examinai une éclipse de soleil, et j'allai chez la reine, pour lui montrer le télescope, lui en faire comprendre l'usage, et en même temps pour l'emmener à bord, afin de protéger le détachement, que je pensois bien qu'on n'attaqueroit pas, tant qu'elle seroit sur le vaisseau. L'effet du télescope la surprit singulièrement; en voyant rapprochés des objets qu'elle ne pouvoit distinguer dans le lointain, elle témoignoit en même temps, par sa contenance

contenance, du plaisir et de l'étonnement. La reine ne but ni ne mangea à bord. Elle s'informa encore si partirois décidément au temps que je lui avois fixé. Je lui répondis affirmativement par mes signes; elle fondit en larmes, et me dit qu'elle vouloit revenir au vaisseau le lendemain.

CHAPITRE V.

Départ d'Otahiti. — Observations sur les mœurs de ses habitans. — Maladies vénériennes introduites par les Européens dans les îles de la mer du Sud.

M. Gore, le contre-maître, me fit le récit, à son arrivée à bord, de son voyage avec le détachement, dans l'intérieur de l'île, il ne leur étoit rien arrivé de remarquable. Le pays leur parut agréable. Ayant gravi sur une hauteur du sommet de laquelle ils croyoient pouvoir embrasser l'étendue de l'île entière, ils avoient été frustrés dans leur espérance, par une chaîne de montagnes élevées qui bornoient l'horizon.

Le 26, la reine vint, en grande parure, à bord du vaisseau, suivie des principaux habitans; elle me réitéra la prière de séjourner dix jours de plus dans l'île, et me promit de me procurer, de l'intérieur de l'île, beaucoup de provisions pendant cet espace de temps. Mon refus fit couler de nouveau ses larmes. Je lui fis comprendre que je reviendrois dans cinquante jours;

elle vouloit que ce fût au bout de trente; mais cependant elle finit par se calmer. A la nuit, on vint l'avertir que le bateau qui devoit la reconduire à terre étoit prêt; elle se jeta dans un fauteuil, et pleura long-temps, en témoignant la plus grande sensibilité.

Le fils du vieillard, jeune homme de quatorze ans, devoit s'embarquer avec nous, du consentement de son père; il étoit alors absent : le vieillard nous dit qu'il étoit dans l'intérieur de l'île, et qu'il reviendroit avant notre départ : cependant nous ne le revîmes plus; en sorte que j'ai tout lieu de présumer qu'au moment d'une séparation prochaine, la nature l'avoit emporté sur toute autre affection.

Le 27 juillet, la reine voulut venir à bord du vaisseau sur un canot que j'avois envoyé faire de l'eau; l'officier s'y opposa; mais la reine monta dans une double pirogue, et vint à bord. Son agitation l'empêchoit de parler. Il s'éleva une brise, nous levâmes l'ancre, et nous mîmes à la voile. Ce fut alors seulement qu'elle nous quitta, après nous avoir embrassés bien tendrement, et en pleurant beaucoup. A dix heures, nous avions dépassé le rescif; nous nous dîmes alors mutuellement adieu pour la dernière fois. Cette scène étoit si attendrissante, que mes yeux se remplirent de larmes.

J'ai appelé le lieu de notre mouillage *Havre du Port-Royal*. Voici le résumé des observations que j'aï été à portée de faire sur les habitans. Ils sont bien faits, agiles et d'une figure agréable; la taille des hommes est communément de cinq pieds sept à cinq pieds dix pouces, et celle des femmes, de cinq pieds six pouces. Le teint des hommes est basané, leurs cheveux sont noirs, quelquefois bruns, rouges ou blonds; ils sont dans l'usage de s'oindre la tête avec une huile de cocos, mêlée avec une poudre dont l'odeur approche de celle de la rose. Toutes les femmes sont jolies; il en est quelques-unes d'une grande beauté, mais la chasteté n'est point leur vertu : elles vendoient leurs faveurs à nos gens, et même leurs pères et leurs frères en faisoient le trafic; ils présentoient la fille au bord de la rivière, et montroient, avec un morceau de bois, la longueur et la grosseur du clou pour lequel ils la céderoient : il faut remarquer que la grandeur du clou qu'on nous demandoit pour la jouissance d'une femme, étoit toujours proportionnée à ses charmes. Lorsque je fus informé de ce commerce, je cessai d'être étonné de la soustraction des clous et des fers du vaisseau.

L'habillement des hommes et de femmes est agréable; il est composé de deux pièces d'une étoffe blanche, faite comme le papier, sans être tissue : l'une des deux pièces a un trou au milieu pour laisser passer la tête, et pend devant et derrière; l'autre enveloppe le corps sans le serrer

Les plumes, les fleurs, les coquillages et les perles, forment le complément de la parure des femmes. Les deux sexes se frottent les fesses et le derrière des cuisses avec un composé d'huile et de suie, qui laisse des marques ineffaçables lorsqu'il est introduit dans une piqûre.

Un des habitans, qui s'étoit attiré l'amitié de nos gens, reçut le nom de *Jonathan*, et M. Furneaux le revêtit d'un habillement complet à l'angloise. Il vouloit se servir d'un couteau et d'une fourchette ; mais ne pouvant résister à la force de l'habitude, lorsqu'il prenoit un morceau avec sa fourchette, il portoit sa main à sa bouche, et la fourchette alloit vers son oreille.

La nourriture des Otahitiens consiste en cochons, volailles, chiens, poissons, fruits à pain, bananes et pommes. Ils ont encore un autre fruit aigre qui n'est pas excellent par lui-même, mais donne un goût délicieux au fruit à pain grillé. Il se trouve dans l'île beaucoup de rats, mais je n'ai pas remarqué qu'ils en mangeassent. La rivière fournit de belles écrevisses, et à quelque distance de la côte, ils pêchent avec des lignes et des hameçons de nacre de perle, des perroquets de mer et divers poissons, dont ils sont tellement friands, qu'ils ne voulurent jamais nous en vendre, à quelque prix que ce fût. Ce fut en vain que nous voulûmes nous servir de leurs lignes et de leurs filets, nous ne prîmes pas un seul poisson.

Pour allumer du feu, ils frottent le bout d'un morceau de bois sec sur le côté d'un autre, à peu près comme les charpentiers aiguisent leurs ciseaux : ensuite ils font un trou d'un demi-pied de profondeur, et de deux ou trois verges de circonférence. Ils en pavent le fond avec de gros cailloux plats ; et ils font du feu avec du bois sec, des feuilles et des coques de noix de coco. Lorsque les pierres sont suffisamment chaudes, ils retirent le charbon et les cendres sur les côtés ; ils recouvrent le foyer d'une couche de feuilles vertes de cocotier, ils y posent l'animal qu'ils veulent cuire, enveloppé de feuilles de planes. Après cette opération, ils le couvrent de charbon, et mettent par-dessus une autre couche de fruits à pain et d'ignames, également enfermés dans des feuilles de plane. Ils répandent sur le tout le reste des cendres, des pierres chaudes, beaucoup de feuilles de cocos, et enfin une couche de terre, pour concentrer la chaleur. Au bout d'un certain temps, ils retirent les alimens qui sont tendres, succulens, et, suivant moi, beaucoup meilleurs que si on les eût accommodés autrement. Ils n'ont d'autre sausse que des jus de fruit et de l'eau salée. Leurs couteaux sont des coquilles dont ils se servent avec beaucoup de dextérité.

Pendant la tenue du marché,

notre canonnier avoit l'habitude de dîner à terre. Il seroit impossible de décrire l'étonnement que témoignèrent les Indiens, lorsqu'ils le virent apprêter sa volaille et son porc dans une marmite. J'ai observé plus haut, qu'ils n'ont point de vase ou poterie qui aille sur le feu ; qu'ils n'ont aucune idée de l'eau chaude et de ses effets. Aussitôt que le vieillard eût reçu le pot de fer dont nous lui avions fait présent, lui et ses amis y firent cuire leurs alimens. La reine et ceux des chefs à qui nous avions donné des marmites, s'en servoient constamment, et les Otahitiens se portoient en foule pour voir ces instrumens, comme le menu peuple va jouir d'un spectacle de monstres et de marionnettes, dans les foires d'Europe. Il nous sembla qu'ils n'ont d'autre boisson que de l'eau, et qu'ils ont le bonheur d'ignorer l'art de faire une liqueur enivrante avec le suc des végétaux mis en fermentation. Nous avons déja dit qu'il y a dans l'île des cannes à sucre, mais il ne paroît pas qu'ils en fassent d'autre usage que de les mâcher; encore ne le font-ils pas habituellement.

Nous avons eu peu d'occasions d'examiner en détail leur vie domestique et leurs amusemens. Nous jugeâmes, par leurs armes et les cicatrices que portoient plusieurs d'entr'eux, qu'ils sont quelquefois en guerre. La grandeur de ces plaies nous fit connoître qu'elles étoient

les

les suites des blessures considérables que leur avoient faites des pierres, des massues et d'autres instrumens contondans. Nous reconnûmes également qu'ils avoient fait des progrès dans la chirurgie. Bientôt nous en acquîmes la preuve certaine. Un de nos matelots étant à terre, se mit une écharde dans le pied. Comme le chirurgien étoit à bord, un de ses camarades tâcha de l'ôter avec un canif; mais après l'avoir fait beaucoup souffrir, il fut obligé d'y renoncer. Notre vieil Otahitien, présent à cet incident, appela alors un de ses compatriotes qui se trouvoit de l'autre côté de la rivière. Celui-ci vint, examina le pied du malade, et courut aussitôt au rivage. Il en rapporta une coquille qu'il brisa avec ses dents, et à l'aide de cet instrument, en moins d'une minute il eut ouvert la plaie et en eut extirpé l'écharde. Là-dessus, le vieillard qui s'étoit écarté à quelques pas dans le bois, rapporta une sorte de gomme qu'il étendit sur la blessure. Il l'enveloppa d'un morceau d'étoffe, et le matelot fut complètement guéri en moins de deux jours. Nous sûmes ensuite que cette gomme distille d'un prunier. Le chirurgien s'en procura, et l'employa avec succès comme baume vulnéraire.

J'ai déja donné une idée des habitations de ces fortunés insulaires. Outre leurs maisons, nous vîmes des hangars fermés, et sur les piliers qui soutiennent ces édifices, des figures grossièrement sculptées, d'hommes, de femmes, de chiens et de cochons. Les habitans entroient de temps en temps dans ces hangars, d'un pas lent et avec l'attitude de la douleur. Nous supposâmes que c'étoient les cimetières où ils déposoient leurs morts. Le milieu de ces édifices étoit pavé de grandes pierres rondes ; mais nous jugeâmes qu'on n'y marchoit pas souvent, car l'herbe y poussoit de tous côtés. Je me suis appliqué à découvrir si les Otahitiens avoient des cérémonies religieuses ; je n'ai pu en reconnoître la moindre trace.

Ils ont trois différentes espèces de pirogues. Les unes sont formées d'un seul arbre, et portent de deux à six hommes : elles leur servent sur-tout pour la pêche. Nous en avons toujours vu une grande quantité en activité sur le rescif. D'autres sont composées de planches artistement jointes : elles sont de diverses grandeurs, et portent depuis dix jusqu'à quarante personnes. Ils en attachent ordinairement deux ensemble, et entre l'une et l'autre ils fixent deux mâts. Les pirogues simples n'ont qu'un mât au milieu et un balancier sur les côtés. Avec ces bâtimens, ils s'avancent fort loin dans la mer, et sans doute vers d'autres îles, d'où ils rapportent des fruits de plane, des bananes, des ignames, qui paroissent y être en plus grande abondance qu'à Otahiti.

Ils ont encore une autre espèce

de pirogues qui paroissent spécialement destinées aux parties de plaisir et aux fêtes de représentations. Ce sont de longs bâtimens sans voile, dont la forme approche de celle des gondoles de Venise; ils élèvent au milieu une espèce de toit, et s'asseyent, les uns dessus, les autres dessous. Aucun de ces derniers bâtimens ne vint près du vaisseau, si ce n'est le premier et le second jour de notre arrivée; mais nous en voyions, trois ou quatre fois par semaine, une procession de huit ou dix, qui passoient à quelque distance de nous, avec leurs pavillons déployés et beaucoup de petites pirogues à leur suite, tandis qu'une foule d'habitans les suivoient, en courant, le long du rivage. On les voyoit ordinairement diriger leur marche vers la pointe extérieure d'un rescif, à quatre milles à l'ouest de notre mouillage. Ils s'y arrêtoient environ une heure, et s'en retournoient.

Ces processions ne se font jamais que par un beau temps, et les Otahitiens qui montent les grandes pirogues, sont parés avec plus de soin que de coutume, quoique ceux qui se trouvent dans les petites n'aient qu'une pièce d'étoffe autour de leurs reins. Les rameurs et ceux qui gouvernoient le bâtiment, étoient habillés de blanc. Les insulaires assis dessus et dessous le toit, étoient vêtus de blanc et de rouge, et les deux hommes montés sur la proue de chaque pirogue, avoient un habit tout-à-fait rouge.

Les Otahitiens fendent un arbre dans la direction de ses fibres, en planches aussi minces qu'il leur est possible. C'est avec ces matériaux qu'ils construisent leurs pirogues. Ils abattent d'abord l'arbre avec une hache de talc vert, à laquelle ils savent adroitement adapter un manche. Ils coupent ensuite le tronc, suivant la longueur qu'ils desirent à leurs planches. Pour cette opération, ils brûlent un des bouts jusqu'à ce qu'il commence à se gercer, et ils le fendent ensuite avec des coins d'un bois dur. Quelques-unes de ces planches ont deux pieds de largeur, sur quinze à vingt de long. Ils en applanissent les côtés avec de petites haches de pierre : six ou huit hommes sont quelquefois occupés à la même planche. Comme leurs instrumens ne tardent pas à s'émousser, les ouvriers ont auprès d'eux une coque de noix de coco, remplie d'eau, et une pierre polie, sur laquelle ils aiguisent leur hache, presque à chaque minute. L'épaisseur ordinaire de ces planches est d'un pouce ; ils en construisent un bateau, avec toute l'exactitude que pourroit y mettre un charpentier habile. Afin de joindre ces planches, ils font des trous avec un os attaché à un bâton qui leur sert de villebrequin. Dans la suite, nos clous leur furent, pour cet objet, d'une extrême utilité. Ils passent dans ces trous une corde tressée qui lie fortement les planches d'une à l'autre. Ils calfatent les coutures avec du jonc sec, et tout l'extérieur de l'esquif est enduit d'une gomme qui découle de quelques-uns de leurs arbres, et qui supplée très-bien la poix.

Le bois dont ils construisent leurs grandes pirogues, est une espèce de pommier très-droit, et qui s'élève à une grande hauteur. Nous en mesurâmes plusieurs, dont le tronc avoit huit pieds de circonférence, et vingt à quarante de contour, à la hauteur des branches. Notre charpentier observa que, sous d'autres rapports, ce n'étoit pas un excellent bois de construction, parce qu'il est trop léger. Les petites pirogues ne sont que le tronc creusé d'un arbre à pain, dont le poids est plus léger et plus spongieux encore. Le tronc a environ six pieds de circonférence, et vingt à la hauteur des branches.

Les principales armes, à Otahiti, sont les massues, les bâtons noueux par un bout, et les pierres qu'on lance avec la main ou la fronde; ils ont des arcs et des flèches. Les flèches ne sont pas pointues, mais seulement armées d'une pierre ronde; ils ne s'en servent que pour faire la guerre aux oiseaux.

Pendant tout mon séjour chez ces insulaires, je ne vis aucune tourterelle; cependant, lorsque je leur en fis voir de petites que j'avois apportées de l'île de *la reine Charlotte,* ils me répondirent, par signes, qu'ils en avoient de bien plus grosses.

Je regrettai beaucoup la perte d'un bouc, qui mourut peu après notre départ de *Sant-Yago*, sans que ni l'une ni l'autre de nos deux chèvres fût pleine. Si le bouc avoit été encore vivant, j'aurois débarqué ces trois animaux dans l'île, et si les chèvres étoient devenues pleines, je les y aurois laissées : en peu d'années, sans doute, ils auroient peuplé Otahiti d'animaux de leur espèce.

Le climat de cette île paroît très-bon ; c'est un des plus sains et des plus agréables de la terre ; nous n'avons remarqué aucune maladie parmi les naturels. Les montagnes sont couvertes de bois, les vallées d'herbes odoriférantes. L'air, en général, y est si pur, que, malgré la chaleur, notre viande s'y conservoit deux jours, et le poisson, vingt-quatre heures. Nous n'y rencontrâmes ni grenouilles, ni crapauds, ni scorpions, ni millepieds, ni serpens d'aucune espèce. Les seuls insectes incommodes, sont les fourmis; elles s'y trouvent en très-petit nombre.

La partie sud-est de l'île semble mieux cultivée et plus peuplée que celle où nous débarquâmes. Il en arrivoit chaque jour des bateaux chargés de différens fruits; et les denrées de notre marché étoient alors en plus grande abondance, et à plus bas prix que lorsqu'il n'y avoit que les productions du canton voisin de notre mouillage.

Le flux et le reflux y est peu considérable;

…idérable; son cours est irrégulier, parce qu'il est maîtrisé par les vents.

Le séjour d'Otahiti fut salutaire à tout l'équipage au-delà de notre attente; car en quittant l'île, nous n'avions d'autres malades que mes deux lieutenans et moi; encore nous entrions en convalescence, quoique nous fussions toujours bien foibles. Il est avéré qu'aucun de nos gens n'y contracta la maladie vénérienne. Comme ils eurent commerce avec un grand nombre de femmes, il est plus que probable qu'elle n'y étoit point encore répandue : cependant le capitaine Cook, dans son voyage sur l'*Endeavour*, l'y trouva établie. Le *Dauphin*, la *Boudeuse* et l'*Etoile*, commandées par M. de Bougainville, sont les seuls vaisseaux connus qui aient abordé avant lui à Otahiti. C'est donc M. de Bougainville ou moi ; c'est la France ou l'Angleterre qu'il faut accuser d'avoir infecté de ce fléau terrible une race d'hommes heureux : j'ai toutefois la consolation de pouvoir évidemment disculper, sur cet article, et ma patrie, et moi.

On sait que le chirurgien de tout vaisseau de sa majesté, tient une liste exacte des malades de l'équipage, qu'il y détaille la nature de leurs incommodités, et l'époque où il a commencé et achevé de les traiter. Un jour qu'on payoit, en ma présence, la solde de l'équipage, plusieurs matelots s'opposèrent au payement du chirurgien, et prétendirent que, quoiqu'il les eût rayés de sa liste, et qu'il certifiât leur guérison, ils étoient encore indisposés. Depuis cette époque, toutes les fois que le chirurgien déclaroit qu'un homme inscrit sur la liste des malades, étoit guéri, j'ai fait venir le convalescent devant moi, pour constater la vérité de la déclaration. S'il disoit qu'il avoit encore quelques symptômes de maladie, je le laissois sur la liste; lorsqu'il avouoit que son rétablissement étoit complet, je lui faisois signer le livre en ma présence, afin de confirmer le rapport du chirurgien.

J'ai déposé à l'amirauté une copie de la liste des malades pendant mon voyage; elle a été signée sous mes yeux par les convalescens; elle contient le rapport du chirurgien, écrit de ma propre main, et ensuite mon certificat. On y voit, qu'à l'exception d'un malade renvoyé en Angleterre sur la *Flûte*, le dernier enregistré pour maladie vénérienne, est déclaré, par sa signature et la mienne, ainsi que par le rapport du chirurgien, avoir été guéri le 27 décembre 1766, près de six mois avant notre arrivée à Otahiti, où nous débarquâmes le 19 juin 1767, et que le premier inscrit pour la même maladie, à notre retour, a été mis entre les mains du chirurgien le 26 février 1768, six mois après notre départ de l'île, d'où nous appareillâmes le 26 juillet 1767. Tout l'équipage a donc été exempt de cette affreuse contagion durant quatorze mois et un jour, et nous avons passé le milieu de cet intervalle de temps à Otahiti.

J'ajouterai enfin, que le premier qui fut porté, à notre retour, sur la liste, comme attaqué de ce mal, l'avoit contracté au cap de Bonne-Espérance, où nous étions alors.

CHAPITRE VI.

Découverte de l'île du duc d'Yorck, et de plusieurs autres.—Retour en Europe par Tinian, Batavia et le cap de Bonne-Espérance.

Après notre départ de l'île de *Georges III*, nous côtoyâmes l'île du duc d'Yorck, qui en est éloignée de deux milles. Nous vîmes par-tout des baies sûres, et au milieu un bon port; mais je ne pensai pas qu'elle valût la peine d'y toucher : il s'y trouve de hautes montagnes au milieu et à l'extrémité occidentale. La partie orientale est la plus basse. Le rivage est couvert de cocotiers, d'arbres à pain, de pommiers et de planes.

Le lendemain matin, 28 juillet, nous vîmes terre, et nous courûmes dessus. Nous découvrîmes peu d'insulaires; de petites huttes leur servent d'habitations; leur manière de vivre nous parut très-différente de celle des Otahitiens. Cette île, longue d'environ six milles, est située à 17 deg. 28' de latitude australe, et 151 deg. 4' de longitude ouest. Je l'appelai *île de Charles Saunders*.

Le 30, nous vîmes terre du nord

¼ est au nord-ouest. Nous ne pûmes trouver de mouillage ; nous aperçûmes de la fumée dans deux endroits, mais pas un seul habitant. Je l'appelai *île du lord Howe*.

L'après-midi, nous aperçûmes une terre qui nous restoit à l'ouest ¼ nord, et nous y dirigeâmes le cap. Nous vîmes des bas-fonds et des brisans ; nous gouvernâmes au vent toute la nuit ; le lendemain, à neuf heures, nous les avions dépassés. Nous les nommâmes *îles de Scilly*. C'est un groupe d'îles ou de bancs de sable extrêmement dangereux. Leur situation est à 16 deg. 28' de latitude sud, et à 155 deg. 3' de longitude ouest.

Nous gouvernâmes à l'ouest jusqu'à la pointe du jour du 13 août.

Je découvris deux nouvelles terres, que j'appelai, l'une *île de Boscawen*, et l'autre, *île de Keppel*. Nous fîmes voile vers celle-ci. Le 14, nous envoyâmes des bateaux pour sonder les fonds et visiter l'île. Les bateaux revinrent à midi, et rapportèrent qu'ils s'étoient avancés jusqu'à une encablure de l'île, sans trouver de fond ; que voyant un rescif dont elle étoit bordée, ils l'avoient tourné, et étoient entrés dans une spacieuse et profonde baie, également parsemée de rochers. Sur ce rapport, je considérai qu'il y auroit beaucoup de danger de mouiller dans cet endroit. Comme notre bâtiment faisoit eau, et se trouvoit en mauvais état, je me déterminai à faire voile vers *Tinian* et *Batavia*, afin de repasser en Europe par le cap de *Bonne-Espérance*.

Nous continuâmes, en conséquence, notre route à l'ouest, jusqu'à dix heures du matin du 16 : nous gouvernâmes sur une terre que nous vîmes au nord $\frac{1}{4}$ est. Le terrain, dans l'intérieur, paroissoit élevé ; mais au bord de l'eau, il étoit bas, et d'un aspect agréable. Nous envoyâmes des bateaux pour sonder et examiner la côte. Dès qu'ils se furent approchés, plusieurs pirogues, qui avoient à bord six ou huit hommes, s'approchèrent d'eux. Les Indiens étoient entièrement nus, à l'exception d'une espèce de natte qui leur couvroit les reins. Pendant une conférence que nos gens eurent avec eux, sans que l'on s'entendît de part et d'autre, les Indiens méditèrent de s'emparer de notre bateau; un d'eux le tira soudain vers le rocher. Nos gens tirèrent un coup de fusil à deux doigts du visage du plus empressé des voleurs. Ce coup ne fit aucun mal, mais les effraya tellement, qu'ils s'enfuirent avec précipitation. Sur le rapport que me firent les gens qui montoient le bateau, je résolus d'y débarquer le lendemain matin : nous mîmes en panne à cet effet; mais m'étant aperçu que le courant nous avoit mis hors de portée de l'île, je fis voile. Les officiers me firent l'honneur de donner mon nom à cette île. L'île *Wallis* est située à 13 deg. 18' de latitude sud, et 177 deg. de longitude ouest.

Le 3 septembre de la même année 1767, nous vîmes terre, et nous aperçumes un *pros* indien, semblable à ceux dont parle le lord Anson dans sa relation. Lorsque nous eûmes remarqué qu'il venoit vers nous, nous hissâmes pavillon espagnol; mais lorsqu'il fut à environ deux milles de notre bâtiment, il vira de bord, et disparut en peu de temps.

Le 18, nous découvrîmes l'île de *Saypan*; nous vîmes celle de *Tinian* dans l'après-midi. Le 19, nous mouillâmes à un mille de la côte de cette dernière. Dès que le vaisseau fut en sûreté, j'envoyai les bateaux à terre, pour y dresser des tentes et nous procurer des rafraîchissemens. Ils revinrent vers midi, avec quelques noix de cocos, des limons et des oranges.

Le soir, j'envoyai le chirurgien et tous les malades à terre, avec des provisions de toute espèce pour deux mois, et pour quarante hommes. Les malades commencèrent à se mieux porter dès le jour même qu'ils furent à terre. Il y avoit plusieurs cocotiers près du lieu de débarquement ; mais comme les Indiens avoient abattu les tiges des arbres pour en recueillir le fruit, nous fûmes obligés d'aller jusqu'à trois milles dans l'intérieur des terres, sans rencontrer une seule noix de coco. Les chasseurs souffrirent des peines incroyables pour

nous

nous procurer du gibier. Je fus obligé d'envoyer M. Gore et quatorze hommes, dans la partie septentrionale où le bétail étoit en plus grande abondance. Un bateau alloit tous les matins, à la pointe du jour, chercher ce qu'ils avoient tué.

Enfin, le 15 octobre, tous nos malades étant guéris, nos provisions d'eau et de bois complètes, nous embarquâmes tout ce que nous avions dans l'île. Il n'y avoit personne de nos gens qui n'emportât au moins cinq cents limons; on en avoit placé plusieurs tonneaux sur le tillac, afin que chacun pût en exprimer le suc dans son eau.

Nous voguâmes par un mauvais

temps jusqu'au 3 novembre, que nous découvrîmes une petite pointe sablonneuse, basse, que j'appelai l'*île Sandy*. A cinq heures, le même jour, nous en vîmes une autre petite au nord $\frac{1}{4}$ est, à la distance de cinq milles, que je nommai *Small-Key*. Une troisième, plus grande, se trouvoit par derrière; je l'appelai *Long-Island*.

Le 17 décembre, nous reconnûmes les îles de *Pulo-Toté* et de *Pulo-Veste*. Nous suivîmes notre route jusqu'au 18. Le temps étoit devenu très-brumeux, avec de violentes rafales, beaucoup d'éclairs et de pluie. Pendant qu'une de ces bouffées souffloit avec furie, et que les ténèbres étoient si épaisses que nous ne pouvions voir d'un point du vaisseau à l'autre, nous aperçûmes tout-à-coup, à la lueur d'un éclair, un grand bâtiment que nous allions toucher. Le timonnier mit aussitôt le gouvernail sous le vent, et le vaisseau répondant à sa manœuvre, nous passâmes sans le heurter. Ce fut le premier bâtiment que nous voyions depuis que nous avions perdu de vue le *Swallow*. Le vent étoit si fort, que nous ne pûmes nous faire entendre, ni savoir à quelle nation appartenoit ce navire.

Nous ne pûmes faire que très-peu de chemin jusqu'au 21 décembre. Sur les trois heures après midi, nous aperçûmes la montagne *Monopin*, au sud ¼ est. En nous avançant un peu, nous reconnûmes la côte de *Sumatra*, à six heures et demie. Le lundi 30, nous jetâmes l'ancre dans la rade de *Batavia*.

Nous y trouvâmes quatorze vaisseaux de la compagnie hollandoise des Indes orientales, un grand nombre de petits bâtimens, et le *Falmouth*, vaisseau du roi, qui étoit sur la vase, dans un état de dépérissement.

J'envoyai à terre un officier, afin de prévenir le gouverneur de notre arrivée, et de lui demander la permission d'acheter des rafraîchissemens. Bientôt après, le munitionnaire envoya du bœuf frais et beaucoup de légumes, que je fis, de suite, servir à l'équipage.

Le 2, j'envoyai le contre-maître et notre charpentier avec celui du *Falmouth*, pour examiner le reste de l'équipement de ce vaisseau, qui avoit été débarqué à *Onrust*, et je leur ordonnai d'acheter ce qui pourroit nous servir. Ils ne purent rapporter qu'une paire de *cargues*; les autres manœuvres étoient en si mauvais état, qu'elles ne valoient plus rien. Le petit nombre d'hommes qui appartenoient au vaisseau, étoient dans la situation la plus fâcheuse. Infirmes, malades, épuisés de fatigues, ils s'attendoient à être engloutis dans les flots, dès que la mousson arriveroit.

Les officiers non brévetés du *Falmouth* m'adressèrent une requête; ils me représentoient qu'ils n'avoient plus de ressources; que le canonnier étoit mort depuis long-temps; qu'ils n'avoient plus de munitions d'artillerie; que le contre-maître, accablé de tourmens et de chagrins, étoit devenu fou, et avoit été renfermé dans un hôpital; que tout leur équipement étoit délabré et pourri; que le plancher du magasin étoit tombé dans une mousson pluvieuse, et les avoit laissés, pendant plusieurs mois, exposés aux injures de l'air; qu'ils n'avoient pu venir à bout de se procurer un autre abri pour s'y réfugier. Par toutes ces raisons, ils me conjuroient de les prendre à bord pour les ramener en Angle-

terre, ou au moins de les licencier.
Ce fut avec beaucoup de douleur
et de commisération que je répondis
à ces infortunés qu'il n'étoit pas en
mon pouvoir de les soulager, et
que puisqu'on les avoit chargés de
la garde de l'équipement du navire,
ils devoient attendre des ordres de
l'amirauté. Ils me répliquèrent en
me dépeignant la misère de leur
état ; on ne leur permettoit point de
passer une nuit à terre. Ils étoient
volés par les Malais, et sans cesse
en danger d'être massacrés par ces
pirates qui, peu de temps auparavant, avoient brûlé une prise sia-
moise faite par le *Falmouth.* Je leur
promis de faire tous mes efforts
pour améliorer leur position, et ils
me quittèrent les larmes aux yeux.

N'ayant pu me procurer une ancre et des cordages, que l'on vouloit nous vendre à un prix exorbitant; je me tins prêt à remettre à la voile, et le 8, à six heures du matin, nous fîmes voile de Batavia, après un séjour d'une semaine. Le 12 au soir, étant à deux milles de la côte de Java, nous aperçûmes un grand nombre de feux qu'on avoit sans doute allumés pour attirer le poisson.

Le lundi, 14 décembre, nous mîmes à l'ancre à la hauteur de l'île du Prince, où nous fîmes de l'eau. Un des matelots tomba un matin, de la grande vergue, dans la chaloupe, qui étoit le long du vaisseau, il se fracassa le corps, se rompit plusieurs os, et froissa deux hommes; l'un perdit l'usage de la parole jusqu'au 24, jour auquel il mourut; l'autre eut un orteil brisé.

Seize hommes de notre équipage étoient alors malades; le premier janvier, il s'en trouva un plus grand nombre; nous avions enterré trois de nos gens, parmi lesquels étoit Georges Lewis, notre quartier-maître, qui parloit l'espagnol et le portugais, et nous étoit fort utile. Nous étions attaqués de maladies contagieuses, et ceux qu'on chargeoit de soigner les malades, le devenoient eux-mêmes bientôt. Pour remédier à ce fléau, je fis construire une chambre particulière pour les malades sur l'entrepont, et nous en prîmes toute sorte de soins.

Nous arrivâmes au cap de Bonne-Espérance le 4 février, et nous trouvâmes l'*Amiral Vatson*, paquebot anglois, commandé par le capitaine Griffin, et un vaisseau françois. Après les saluts d'usage, j'obtins du gouverneur la permission d'établir une tente pour nos malades, au lieu appelé la *pointe verte* ; ils s'y rétablirent promptement ; et le 3 mars, nos provisions étant faites, je mis à la voile.

Le 10, nous touchâmes à l'île Sainte-Hélène, où nous trouvâmes le *Northumberland* et l'*Osterly*, et le 23, nous vîmes l'île de l'Ascension. Le 11 mai, nous rencontrâmes, ar le 48 deg. 44' de latitude nord, le sloop le *Sauvage*, capitaine Hammond, qui donnoit la chasse à un vaisseau. Je l'aidai à faire amener ce bâtiment. Il étoit chargé de thé, d'eau-de-vie, et d'autres marchandises qui venoient de *Roscoff*, port de France; on l'avoit vu gouverner au sud-ouest, et il disoit cependant que sa destination étoit pour *Bergen* en Norwége. Ce vaisseau, nommé *Jenny*, étoit commandé par *Robert Chistian*, et appartenoit à la ville de Liverpool. Comme les circonstances ne lui étoient pas favorables, je le retins, et l'emmenai en Angleterre.

Le 19 mai, je débarquai à *Has-*

tings, dans le comté de Sussex, six cent trente-sept jours après ma sortie de Plymouth.

Fin du Voyage du capitaine Wallis.

PREMIER VOYAGE
DE JAMES COOK,
Sur le vaisseau du roi l'*Endeavour*

INTRODUCTION.

Dans l'Introduction générale qui est en tête du premier volume, j'ai dit quels étoient les motifs qui m'avoient engagé à écrire les relations au nom des capitaines de vaisseaux; je dois maintenant parler plus particulièrement des personnes qui m'ont donné quelques matériaux pour le voyage de l'*Endeavour*.

Joseph Banks, écuyer, propriétaire d'un bien considérable dans le comté de Lincoln, est un de ceux à qui l'on doit les plus belles observations. Ayant reçu l'éducation d'un homme de lettres, il a préféré, au lieu des jouissances que procurent les avantages de la fortune, l'étude de l'histoire naturelle et le péril des voyages, que l'on n'entreprend ordinairement que pour satisfaire les desirs de l'ambition.

En sortant de l'université d'Oxford, il alla visiter les côtes de Terre-Neuve et du Labrador; il fut si peu découragé par les fatigues de ce premier voyage, qu'il saisit, aussitôt qu'elle se présenta, l'occasion de s'embarquer sur l'*Endeavour*, pour aller traverser les mers du Sud. Il espéroit concourir au progrès des lumières dans sa patrie, et en même temps laisser, chez des nations sauvages, quelques-uns des arts, des instrumens et des productions de l'Europe qui peuvent adoucir la vie. C'est dans cette vue, qu'il fit l'acquisition précieuse du docteur Solander, savant Suédois, élève de Linnée, et qu'il emmena aussi deux peintres pour dessiner les paysages et les objets d'histoire naturelle.

Les papiers du capitaine Cook contenoient d'excellens détails nautiques; mais l'on pense bien qu'il n'avoit pu s'occuper de la description des pays, des productions, des mœurs, des coutumes, de la religion, du langage, avec autant d'étendue que

M. Banks; aussi est-ce à ce dernier que le public est redevable de ces sortes d'observations. A l'exception des cartes et des vues de côtes, toutes les autres gravures ont été copiées sur ses précieux dessins, et même quelques-unes sur des modèles qu'il a fait faire, à ses propres frais, pour les artistes. C'est pour cette raison que quelques personnes ont même pensé que la relation ne devoit point être faite au nom du commandant; mais M. Banks a généreusement levé toutes les difficultés, et nous avons seulement jugé nécessaire d'en instruire le public. C'est un bonheur pour le genre humain, lorsqu'un homme possède à la fois la fortune, les connoissances et l'intention de les consacrer à l'utilité publique; aussi ne puis-je m'empêcher de féliciter mon pays sur les avantages que lui fait espérer M. Banks.

RELATION

D'un voyage fait autour du monde, dans les années 1768, 1769, 1770 et 1771, par JAMES COOK, commandant le vaisseau du roi l'*Endeavour* (1).

CHAPITRE PREMIER.

Départ de Plymouth. — Route jusqu'à Rio-Janeiro.

LE 27 mai 1768, ayant reçu ma commission, datée du 25, je pris le commandement de l'*Endeavour*, qui étoit dans le bassin de Deptford; lorsqu'il fut pourvu de vivres et de

(1) Ce nom signifie, en françois, *la Recherche*.

munitions, je descendis la rivière, et le 13 août, je mouillai dans la rade de Plymouth, où, en attendant un vent favorable, on lut à l'équipage le code militaire et l'acte du parlement : on lui paya d'avance deux mois de solde, en lui déclarant qu'il n'y auroit aucune augmentation de paye pendant le cours du voyage.

Le 26 août, nous mîmes à la voile par un bon vent. Le premier septembre, un vent très-fort nous emporta un petit bateau appartenant au *bosseman*, et noya trois ou quatre douzaine de volailles que nous regrettâmes plus que le bateau. La veille, nous avions vu des oiseaux, que nos matelots appellent *poulets de la mère Carey*, et qu'ils regardent comme les précurseurs d'une tempête.

Le 5 septembre, MM. Banks et Solander observèrent plusieurs animaux marins, entr'autres un animal d'une figure angulaire, qui avoit environ un pouce de grosseur sur trois pouces de long; il étoit traversé d'un trou, et avoit à une de ses extrémités une tache noire, qu'ils jugèrent être son estomac. Plusieurs de ces animaux se tenoient ensemble, dans une étendue de plus de deux pieds, lorsque nous les prîmes. MM. Banks et Solander en firent un genre nouveau, qu'ils appelèrent *dagysa*, à cause de sa ressemblance de couleur avec une pierre précieuse de ce nom. Un autre animal ayant des couleurs encore plus vives, et qui ressembloit à une opale, fut, pour cette raison, appelée *carcinium opalinum*. Nous prîmes aussi, dans les agrès du vaisseau, des oiseaux non décrits par Linnée, et que nous supposâmes venir d'Espagne : nos naturalistes nommèrent l'espèce *montacilla velificans*. Il doit paroître surprenant que le *dagysa*, dont la mer abonde à vingt lieues de l'Espagne, n'ait point encore été décrit ; et en effet, tel est le malheur des connoissances humaines, qu'il se trouve rarement, parmi les navigateurs, des hommes qui veuillent ou sachent s'occuper de pareilles recherches.

Le 13, nous mouillâmes dans la rade de *Funchal* à Madère. Le lendemain, M. Weir, en voulant re-

rer une ancre, eut le malheur de laisser entraîner à la mer par le ble. Malgré toute la célérité qu'on it à relever l'ancre, il étoit mort orsqu'on le retira.

Le 15, nous débarquâmes à Funhal, et nous nous rendîmes chez Cheap, consul anglois, qui nous t l'accueil le plus obligeant, et ous reçut dans sa maison pendant ut le temps de notre séjour dans île. Nous étions dans le temps le oins propre pour les recherches 'histoire naturelle ; aussi MM. anks et Solander ne purent-ils se rocurer quelques fleurs que par la nérosité de M. Heberden, preier médecin de l'île, qui leur en présent, et qui leur fit part de elques-unes de ses observations :

les renseignemens qu'il leur donna sur le *vigniatico*, les convainquit que c'étoit ce bois que l'on vendoit en Angleterre, sous le nom de *Mahogani de Madère*.

Cette île paroît être entièrement un produit volcanique. Le seul objet de commerce est le vin, et cependant les habitans ne font rien pour substituer à leur routine de culture une pratique nouvelle et plus avantageuse. On a eu beaucoup de peine à leur persuader de greffer leurs plants. Le climat de Madère est ravissant.

La ville de *Funchal* tire son nom de *funcho*, qui signifie *fenouil*, en portugais ; cette plante croît, en effet, en abondance sur les rochers voisins. Cette ville est située à 32 deg.

deg. 33' de latitude nord, et à 16 deg. 49' de longitude ouest; elle est mal bâtie. On voit, dans le couvent des Franciscains, une petite chapelle revêtue, du haut en bas, de têtes et d'ossemens humains: les os sont en croix, et il y a une tête à chacun des quatre angles. Une de ces têtes est sur-tout remarquable, en ce que les mâchoires inférieure et supérieure sont unies par une ossification. Sans doute que l'individu à qui appartenoit cette tête, a vécu quelque temps dans cet état, et qu'on lui donnoit à manger par une ouverture faite sur le côté, car il y en a une partie d'endommagée. Nous visitâmes aussi un couvent de religieuses de Sainte-Claire, qui nous reçurent très-bien; elles avoient entendu dire qu'il y avoit parmi nous de grands philosophes, et elles nous demandèrent s'il y auroit du tonnerre, et s'il seroit possible de trouver une source d'eau vive dans l'enclos de leur couvent. On pense bien que nos réponses durent peu les satisfaire ; mais elles ne cessèrent point pour cela de nous traiter civilement.

La plus haute montagne du pays, le *pic Ruivo*, a près d'un mille anglois d'élévation (1) ; il est couvert, jusqu'à une certaine hauteur, de vignes ; au-dessus sont des forêts d'arbres de différentes espèces. Il y a, dans l'île, environ quatre-vingt

―――――――――

(1) A peu près un tiers de lieue françoise.

mille habitans ; les revenus du roi montent à 20,000 livres sterling.

Le 19 septembre, nous mîmes à la voile, après avoir embarqué quelques provisions. Le 23, nous vîmes le pic de Ténériffe dont la vue, après le coucher du soleil, offre un effet surprenant ; la montagne paroissoit enflammée et d'une couleur de feu que la peinture ne sauroit rendre. Le 24, nous reconnûmes *Bona-Vista*, une des îles du *Cap-Vert*. Le 8 octobre, M. Banks sortit dans le bateau, et prit dans la mer plusieurs animaux, entr'autres une espèce de mollusque qui a la forme d'une petite vessie ; au-dessus est une membrane veinée de différentes couleurs, dont l'animal se sert comme d'une voile. Il prit aussi quelques coquilles qui flottent sur l'eau, l'*helix janthina* et la *violacea*. Lorsqu'on touche à la coquille, l'animal jette aussitôt à peu près la quantité d'une cuiller à café d'une liqueur d'un beau rouge pourpre.

Le 29 au soir, nous observâmes ce phénomène lumineux dont les navigateurs ont souvent parlé; ce sont des jets de lumière semblables à des éclairs. Nous pensâmes que ce pouvoit être l'effet de la présence de quelqu'animal lumineux, et nous fûmes confirmés dans cette conjecture, lorsque nous eûmes pris dans les filets une espèce de *medusa*, qui étoit de la couleur d'un métal rougi au feu, et qui rendoit une lumière. Nous prîmes aussi trois espèces de crabes, qui donnoient de la lumière comme les vers luisans. Tous ces animaux n'étoient point encore connus des naturalistes.

Le 13 novembre, nous arrivâmes à *Rio-Janeiro*, où le manque de provisions me força de relâcher. J'envoyai à la ville M. Hicks, mon premier lieutenant, et l'on vint m'avertir, un peu après, que le vice-roi le retenoit jusqu'à ce que nous fussions débarqués, parce que cela étoit d'usage. Le vice-roi ne voulut pas consentir à ce que M. Banks fît quelques excursions dans la campagne, pour chercher des plantes. Je m'efforçai de lui faire entendre que notre voyage n'avoit point le commerce pour objet, mais bien l'observation du passage de

Vénus sur le disque du soleil; il ne put jamais me comprendre; il s'imagina qu'il étoit question du passage de l'étoile du nord à travers le pôle austral; ce sont-là, du moins, les expressions d'un Suédois qui lui servoit d'interprète, et qui parloit fort bien anglois. En quittant le vice-roi, je trouvai un officier qui étoit chargé de m'accompagner par-tout: on me dit que c'étoit pour me faire honneur; je me serois volontiers passé de cette politesse; mais le bon vice-roi ne voulut pas m'en dispenser.

L'ordre donné par le vice-roi, de ne laisser débarquer que le capitaine et les matelots, me parut venir d'un mal-entendu : pour m'en éclaircir, je fis un mémoire au gouverneur, et M. Banks en fit un autre de son côté; mais la réponse ne fut pas satisfaisante, et la correspondance qui s'ensuivit n'apporta aucun changement dans notre position. Pour être exempt de reproches, je crus devoir mettre le vice-roi dans la nécessité d'appuyer ses défenses par la force ; en conséquence, en envoyant notre dernière réplique, le 20 au soir, j'ordonnai à M. Hicks de ne point permettre qu'on mît une sentinelle dans la chaloupe ; il exécuta mon ordre, et le gouverneur, qui en fut instruit, refusa de recevoir le mémoire. En revenant à bord, M. Hicks voulut encore s'opposer à ce qu'on mît une sentinelle dans la chaloupe ; alors le commandant du bateau de garde employa la force ;

il me renvoya M. Hicks, et retint nos gens en prison. Je fis demander au vice-roi ma chaloupe et mes gens; il me les envoya le 23, et refusa de satisfaire à la demande d'aller à terre, sous prétexte que mes gens avoient fait la contrebande; ce qui étoit de toute fausseté.

Le 25, un moine de la ville ayant demandé un chirurgien, M. Solander eut occasion d'aller à terre. Le lendemain, M. Banks alla furtivement faire une excursion dans la ville, où il fut bien reçu des habitans; il en rapporta un cochon, et plusieurs autres choses pour le vaisseau.

Le 2 décembre, un paquebot espagnol, commandé par *don Antonio de Monte-Negro-y-Velasco*, arriva dans la baie. Ce capitaine, qui se rendoit en Europe, se chargea, avec honnêteté, d'y porter les pièces que j'avois à y faire passer, et qui étoient relatives à notre réception.

Le vice-roi, informé de mon départ, m'avoit écrit à ce sujet, et m'avoit même fourni un pilote. Cependant, le 5, en passant à la portée du fort *Santa-Crux*, le commandant, qui n'avoit point reçu d'ordre pour nous laisser sortir, nous tira deux coups de canon : nous nous plaignîmes, et l'on s'excusa sur la négligence qui avoit été mise dans l'envoi des ordres.

Au sortir de la baie, nous allâmes mouiller dans le havre de *Raza*, où M. Banks recueillit plusieurs espèces de plantes. Nous restâmes dans ce parage jusqu'au 7 janvier. Pendant cet espace de temps, nous descendîmes plusieurs fois à terre pour chercher des provisions, et nous parvînmes à nous procurer quelques renseignemens sur la ville et le pays voisin.

La ville de *Rio de Janeiro* (rivière de Janvier) a sans doute été ainsi nommée parce qu'elle est sur la rivière, ou plutôt le bras de mer de ce nom, car il ne reçoit aucun courant d'eau douce un peu considérable; l'eau que l'on y boit vient par un superbe aqueduc. La ville est située dans une plaine, au pied de plusieurs montagnes, à l'ouest de la baie; elle est bien bâtie, et à peu près de la grandeur de Bristol ou Liverpool. Les rues sont droites et se coupent à angles droits ; les églises sont magnifiques ; dans aucun pays catholique, on n'y déploie une aussi grande ostentation qu'ici. Devant chaque maison, il y a un saint dans une petite niche, qu'on éclaire la nuit avec une lampe ; les habitans chantent avec tant d'ardeur devant ce saint, que nous les entendions la nuit, quoique nous fussions à plus d'un demi-mille. Le gouvernement est mixte dans la forme, et très-absolu dans le fait : il est composé du vice-roi, du gouverneur de la ville, et d'un conseil formé d'un certain nombre de membres, sans lequel aucun acte judiciaire ne peut recevoir son exécution. Cependant le vice-roi et le gouverneur font mettre en prison qui bon leur semble, sans que les parens sachent ce dont on l'accuse, et même quelquefois ce qu'il est devenu. Le viceroi est aussi celui qui fixe les bornes à quelques milles autour de la ville, au-delà desquelles personne ne peut passer. Cette précaution, qui a pour objet d'empêcher les habitans de visiter les lieux qui recèlent l'or et les diamans, est le seul moyen de ne pas rendre illusoire la propriété que le gouvernement s'est attribuée sur ces richesses. C'est pour le même motif qu'on oblige les officiers à se rendre, trois fois par jour, auprès du gouvernement pour prendre ses ordres ; il leur répond toujours : *il n'y a rien de nouveau,* et cela les contraint à demeurer constamment à la ville.

La

La population de *Rio-Janeiro* est de 666,000 hommes, tant blancs que nègres, ou naturels du pays (1). Sur ce nombre, il y a 37,000 blancs, en sorte qu'il y auroit dix-sept nègres pour un blanc. Les indigènes qui travaillent pour le roi dans l'intérieur des terres, sont d'un jaune pâle et ont de grands cheveux noirs. L'état militaire est de douze régimens de milice provin-

(1) Il est très-probable qu'il y a ici erreur de chiffres ou de renseignemens, et que cette population de six cent mille habitans, excède de beaucoup celle du gouvernement de *Rio-Janeiro*, tout entier. Au surplus, pour lever toutes difficultés, il suffit de savoir que la population a augmenté depuis l'époque du voyage de Cook, et qu'elle est maintenant de moins d'un million d'ames.

ciale, et de douze de troupes régulières ; six de ces derniers sont Portugais, et les six autres Créoles. Les habitans sont fort humbles à leur égard. Cette habitude de soumission fait que le peuple est très-poli à l'égard des étrangers qui lui paroissent au-dessus du commun.

On convient généralement que les femmes des colonies espagnoles et portugaises accordent plus facilement leurs faveurs que celles de tous les autres pays de la terre ; il y a même des personnes qui pensent qu'à *Rio-Janeiro*, particulièrement, il n'y en a pas une seule d'honnête. C'est à peu près l'opinion qu'en eurent M. Solander et quelques autres personnes, dans une petite promenade qu'ils firent dans la ville.

Comme les femmes sont dans l'usage de jeter des fleurs aux hommes qu'elles distinguent, ils en reçurent une telle quantité, qu'ils en avoient plein leurs chapeaux ; mais il faut cependant avoir la justice d'observer que ce qu'on regarde dans un pays comme une familiarité indécente, n'est peut-être qu'un simple acte de politesse dans un autre.

Quant aux assassinats, je n'affirmerai pas qu'il s'en commet fréquemment ; mais je dirai que les églises servent d'asyles aux criminels, et que notre cuisinier a vu un homme en assassiner un autre à coups de canif, au moment même où il sembloit causer amicalement avec lui. Il m'a été impossible d'en savoir davantage.

Le pays environnant est riche, et cependant il n'est pas cultivé. Les Portugais n'y ont que de petits jardins pour les légumes d'Europe et les fruits, qui sont tous excellens. Les melons d'eau et les oranges sont les meilleurs. Nous n'avons pu savoir où sont situées les mines; on nous a seulement assuré que ceux qui s'en approchoient sans y être appelés, étoient pendus sur-le-champ. On importe annuellement quarante mille nègres pour ce service. Deux ans avant notre arrivée (en 1766), il en mourut un si grand nombre, que la ville de *Rio-Janeiro* (1) fut obligée d'en four-

---

(1) Nous devons observer que cela doit s'entendre du gouvernement de *Rio-Janeiro*, et non de la ville seule.

nir vingt mille de plus. Il y a des mines de pierres précieuses qui fournissent des diamans, plusieurs espèces de topazes et des améthistes. Autrefois des joailliers les achetoient et les travailloient pour leur compte ; mais cela fut défendu par des ordres arrivés de la cour de Portugal, en 1767, et depuis ce temps ce sont des esclaves qui taillent ces pierres.

Le port de *Rio-Janeiro* est situé à dix-huit lieues du *cap Frio*; il est commode et sûr, et très-propre à la pêche. Pendant le temps que nous y fûmes, le thermomètre ne s'éleva jamais au-dessus de 83 deg., quoique nous eûmes un vent fort et des pluies fréquentes. Ce pays est sain et chaud. La monnoie courante est celle de Portugal. On ne peut se procurer de la farine et du pain dans ce havre ; mais les ignames et la cassave y sont en abondance. Les habitans tirent leur farine du Portugal, et ils vont chercher à Lisbonne le café qui sert à leur consommation, quoique leur pays soit très-propre à le produire. On y a à bon compte du bœuf frais ou salé, qui est fort maigre ; du tabac de mauvaise qualité, et à un prix raisonnable, du rum, des sucres et des mélasses excellens. Il y a dans le port un chantier pour la construction des vaisseaux, et un ponton pour les mettre à la bande ; comme la marée ne monte jamais au-delà de six pieds, il n'y a pas d'autre moyen de visiter la quille,

Lorsque nous eûmes fait toutes nos provisions, nous montâmes notre bateau à bord, et nous levâmes l'ancre.

CHAPITRE II.

Passage de Rio-Janeiro à l'entrée du détroit de Lemaire. — Habitans de la Terre de Feu. — Excursion botanique sur une montagne.

Le 9 décembre, nous observâmes, sur la surface de la mer, une infinité de bandes jaunâtres, dont plusieurs avoient jusqu'à un mille de longueur, sur trois à quatre cents verges de largeur. Nous puisâmes de cette eau colorée, et nous la trouvâmes remplie d'une multitude incroyable d'atomes jaunâtres terminés en pointe. Les plus gros avoient tout au plus un quart de ligne de longueur. Vus au microscope, ils ressembloient à des faisceaux de fibres très-minces, entrelacées en tous sens, à peu près comme les nids de ces mouches aquatiques, appelées *pryganea-caddices*. MM. Banks et Solander ne purent conjecturer s'ils appartenoient au règne animal ou végétal, quelle étoit leur origine ou leur destination. On avoit déjà observé le même phénomène, la première fois que l'on reconnut le continent de l'Amérique méridionale.

Le 11, on pêcha, à l'hameçon, un goulu de mer; c'étoit une femelle : on l'ouvrit, et l'on tira de son ventre six petits, dont cinq nagèrent avec beaucoup d'activité dans un tonneau plein d'eau ; le sixième paroissoit mort depuis quelque temps.

L'équipage commençoit à se plaindre du froid, et chacun de nos gens reçut une paire de grandes chausses, et ce que l'on appelle *jacquette magellanique*. Ces jacquettes sont faites d'une laine épaisse appellée *fearnought*. Nous voyions, de temps à autre, des troupes de pingoins, d'albatros, de veaux marins, de marsouins et de baleines. Le 11, après avoir dépassé les îles Falkland, nous aperçûmes, à quarante lieues environ, la côte de la *Terre de Feu*, qui s'étendoit de l'ouest-sud au sud-est ¼ sud. Nous trouvâmes en ce lieu trente-cinq brasses de profondeur, fond de vase et de schiste. En côtoyant vers le sud-est, à deux ou trois lieues de distance, nous aperçûmes en beaucoup d'endroits de la fumée. C'étoit sans doute un signal des naturels du pays, car elle disparut lorsque nous fûmes passés. Le même jour, nous vérifiâmes que le vaisseau s'étoit écarté du lock, de près d'un degré de longitude ouest, ce qui, à cette latitude, fait 35' de degré à l'équateur. Il y a sans doute un petit courant qui se dirige vers l'ouest, et qui peut avoir pour cause le courant occidental qui vient en tournant le cap Horn, au travers du détroit de Lemaire, à l'entrée du détroit de *Magellan* (1).

Le 14, nous entrâmes dans le détroit de *Lemaire*. Nous arrivâmes, à près de midi, entre le cap *Saint-Diégo* et celui de *Saint-Vincent*. J'envoyai notre *maître* sonder une petite anse, à l'ouest du cap *Saint-Vincent* : il me rapporta

(1) Le navigateur célèbre qui découvrit ce détroit, étoit Portugais d'origine; il se nommoit, en langue de son pays, *Fernando de Magalhaens*. Les Espagnols l'appellent *Hernando Magalhanes*, et les François, *Magellan*, nom qui a été universellement adopté. Il existe à Londres, ou dans les environs, un descendant, au cinquième degré, de ce fameux marin. C'est lui qui a communiqué cette note à M. Banks, en le priant de la faire insérer dans cet ouvrage.

qu'il y avoit un mouillage par quatre brasses bon fond, tout près du premier mondrain, à l'est du cap de *Saint-Vincent*. Ayant examiné moi-même la chose avec plus de soin, j'en conclus que je ne pouvois pas, sans risque, mettre à l'ancre, et je cherchai un autre port.

MM. Banks et Solander allèrent à terre, et rapportèrent plus de cent plantes différentes, absolument inconnues aux botanistes d'Europe. Ils remarquèrent, entre autres productions, l'écorce de *winter*, espèce de canelle, appelée *winterranea aromatica*. Elle se distingue facilement à sa feuille large, semblable à celle du laurier, d'un vert pâle en dehors, et bleuâtre en dedans. Les naturalistes

listes connoissent les propriétés de son écorce. On la dépouille avec un os ou un bâton pointu, et l'on s'en sert dans la cuisine comme d'une épicerie; elle n'est pas moins agréable que saine. Il y a beaucoup de céleri sauvage et de plantes antiscorbutiques. Les arbres ont beaucoup de ressemblance entr'eux ; ce sont une espèce de bouleau, *betula antarelica*. La tige a de trente à quarante pieds de hauteur, et deux ou trois pieds de diamètre. On pourroit, au besoin, en faire des mâts de perroquet. Il faut y ajouter deux espèces de canneberges rouges et blanches, qu'on y trouve en quantité.

Ceux qui avoient débarqué ne rencontrèrent aucun Indien, mais ils virent deux de leurs huttes abandonnées.

Le 15, je mis à l'ancre par douze brasses et demie, sur un fond de corail, à un demi-mille de la côte, devant une petite anse, que nous crûmes être le port *Maurice*. Deux des habitans vinrent attendre notre débarquement sur la rive; mais il y avoit si peu d'abri, que nous mîmes à la voile à dix heures.

A deux heures après midi, nous jetâmes l'ancre dans la baie de *Bon-Succès*. MM. Banks et Solander allèrent à terre avec moi pour chercher une aiguade. Une trentaine d'Américains parurent de l'autre côté de la baie, et voyant que nous étions au nombre de dix ou douze, ils se retirèrent. MM. Banks et Solander s'avancèrent à environ deux cents pas : aussitôt deux Américains rétrogradèrent, firent quelques pas vers eux, et s'assirent. Dès que MM. Banks et Solander les eurent rejoints, ils se levèrent, et chacun d'eux jeta entre lui et les étrangers un petit bâton qu'il tenoit à la main. Nous crûmes que c'étoit un signe de paix. Les Américains retournèrent promptement vers leurs compagnons, et firent signe à MM. Solander et Banks de les suivre. Ceux-ci s'étant rendus à leur invitation, en reçurent de grossières démonstrations d'amitié. On donna aux sauvages des rubans et des grains de verre, qui leur furent très agréables. Après ces préliminaires, tous les assistans prirent part à l'entretien, tel qu'il devoit être entre des personnes qui ne communiquoient que par signes.

Trois d'entr'eux accompagnèrent ces messieurs jusqu'au vaisseau. Lorsqu'ils furent montés à bord, l'un d'eux, que nous jugeâmes être un prêtre, fit les mêmes cérémonies dont parle M. de Bougainville, et qu'il suppose être un exorcisme. A mesure qu'il se promenoit dans le bâtiment, ou qu'il apercevoit un objet qu'il n'avoit pas encore remarqué, il crioit de toutes ses forces pendant quelques minutes, sans s'adresser néanmoins à nous ni à ses compagnons.

Ils mangèrent un peu de pain et de bœuf; mais il ne nous parut pas que ce fût avec beaucoup de plaisir, quoiqu'ils emportassent ce que nous leur offrions, et qu'ils ne mangeoient pas. Nous leur offrîmes aussi du vin et de l'eau-de-vie; mais à peine avoient-ils porté le verre à leur bouche, et dégusté la liqueur, qu'ils le rendoient, en marquant beaucoup de répugnance. La curiosité semble être du petit nombre des passions qui distinguent l'homme de la brute; mais ces Américains n'étoient guères curieux. Ils alloient d'un point du vaisseau à l'autre, et considéroient les divers objets qui s'offroient à leurs regards, sans indiquer de l'étonnement ou du plaisir, car les cris de l'exorciste ne témoignoient ni l'un ni l'autre.

Ils restèrent environ deux heures à bord, et nous firent signe qu'ils vouloient partir. On lança aussitôt une chaloupe, et M. Banks crut devoir les accompagner. Il les ramena sains et saufs vers leurs compagnons, qui témoignèrent la même indifférence que nous avions remarquée dans ceux qui étoient venus nous visiter. Les uns ne paroissoient point empressés à raconter ce qu'ils avoient vu et comment on les avoit traités; les autres n'étoient pas plus curieux de les interroger. M. Banks revint au vaisseau une heure après, et les Américains quittèrent la côte.

Le 16, de très-grand matin, MM. Banks et Solander, accompagnés du chirurgien, M. Monkhouse, et de M. Green, l'astronome, de leurs domestiques et de deux matelots, afin de les aider à transporter leurs équipages, partirent du vaisseau, et résolurent d'aller passer toute la journée dans l'intérieur des terres. La montagne vue, à un certain éloignement, paroissoit formée d'un plateau, et plus haut d'un rocher absolument pelé. M. Banks vouloit traverser le bois, dans l'espoir de recueillir des plantes nouvelles sur ces montagnes qu'aucun botaniste n'avoit encore parcourues.

Ils pénétrèrent, en effet, dans le bois, et montèrent jusqu'à trois heures après midi, sans rencontrer aucun sentier, et sans arriver à la vue du terrain, but de leur course. Bientôt après, ils parvinrent à l'endroit qu'ils avoient pris pour une plaine; ils eurent le déplaisir de reconnoître que c'étoit un terrain marécageux, couvert de petits buissons de bouleaux de trois pieds de hauteur, et tellement entrelacés, qu'il étoit impossible de les écarter pour se ménager un passage; ils étoient obligés de lever toute la jambe à chaque pas, et ils enfonçoient dans la vase jusqu'à la cheville du pied.

Ce n'étoit rien encore; le temps, qui jusqu'alors avoit été aussi beau qu'une de nos journées du mois de mai, devint froid et nébuleux, avec des bouffées d'un vent très-piquant, accompagnées de neige. Malgré leur fatigue, le courage ne les abandonna pas. Ils pensoient avoir fait le plus mauvais du chemin, et n'être plus qu'à un mille du rocher qu'ils avoient aperçu. Ils avoient parcouru à peu près les deux tiers de ce bois marécageux, lorsque M. Buchan, l'un des dessinateurs de M. Banks, tomba en épilepsie. Toute la troupe fut forcée de faire halte, parce qu'il étoit impossible à ce jeune homme d'aller plus loin. On fit du feu, et les plus fatigués furent laissés derrière pour soigner le malade. MM. Banks, Solander, Green et Monkhouse poursuivirent leur route, et ne tardèrent pas à atteindre le sommet de la montagne. Comme botanistes, leur attente ne fut point déçue. Ils ramassèrent quantité de plantes, aussi différentes de celles indigènes de nos montagnes d'Europe, que celles-ci le sont des végétaux de nos plaines.

Le froid étoit devenu extrêmement vif; la neige tomboit abondamment, et le jour étoit tellement avancé, qu'il étoit impossible de revenir au vaisseau avant le lendemain. C'étoit un parti bien pénible et bien dangereux, que de passer la nuit dans cet endroit, sous un tel climat. Ils y furent néanmoins contraints.

MM. Banks et Solander s'occupèrent alors à rassembler des plantes, et à profiter d'une occasion acquise par tant de périls. Ils renvoyèrent MM. Green et Monkhouse vers M. Buchan. Ils assignèrent un rendez-vous, auquel ils se trouvèrent comme les autres. Tous étoient bien portans ; M. Buchan lui-même avoit recouvré ses forces au-delà de ce qu'on pouvoit attendre.

Il étoit près de huit heures du soir ; mais il faisoit encore assez de jour, et l'on se mit en marche pour traverser la vallée. Le docteur Solander, qui, plus d'une fois, avoit traversé les montagnes qui séparent la Suède de la Norwège, savoit bien qu'un froid excessif, alors surtout qu'il est joint à la fatigue, produit dans tous les membres une stupeur et un engourdissement presque insurmontables.

Il supplia ses compagnons de ne pas s'arrêter, quelque peine qu'il dût leur en coûter, et quelque soulagement qu'ils espérassent trouver dans le repos. Quiconque s'asseoira, dit-il, s'endormira aussitôt, et une fois endormis, vous ne vous réveillerez plus. Après ce conseil, qui les alarma, ils allèrent en avant ; ils étoient encore sur le rocher, et n'avoient pu atteindre le marais, lorsque le froid devint si vif, qu'il produisit ses redoutables effets. Le docteur Solander le premier, ne put résister à ce besoin de sommeil contre lequel il avoit pris tant de soins à prévenir ses compagnons. Il demanda qu'on le laissât coucher. Ce fut en vain que M. Banks lui adressa des prières et des représentations, il s'étendit sur la neige, et son ami parvint difficilement à le tenir éveillé. Richmond, un des nègres

de

de M. Banks, qui avoit également souffert du froid, commença à rester en arrière. M. Banks dépêcha en avant cinq personnes, du nombre desquelles étoit M. Buchan, pour aller faire du feu au premier endroit qu'ils trouveroient propice. Il demeura, lui cinquième, auprès du docteur et de Richmond, qu'on fit marcher, moitié de gré et moitié de force ; mais lorsqu'ils eurent parcouru la plus grande partie du marais, ils déclarèrent qu'ils n'iroient pas plus loin. M. Banks eut de nouveau recours aux supplications ; mais cela fut inutile. Lorsqu'on disoit à Richmond que s'il s'arrêtoit, il périroit de froid, il répliquoit que son vœu le plus ardent étoit de se reposer et de mourir.

Le docteur ne renonçoit pas aussi positivement à la vie; il consentoit à continuer sa route; mais il vouloit prendre un instant de sommeil, quoiqu'il eût averti les autres que s'endormir et mourir étoit la même chose. M. Banks et les autres se trouvant dans l'impossibilité de les faire marcher, leur permirent de se coucher sur les broussailles : tous deux tombèrent incontinent dans un profond sommeil.

Bientôt après, quelques-unes des personnes envoyées en avant, revinrent avec l'agréable nouvelle que le feu étoit allumé à un quart de mille plus loin. M. Banks alors se hâta d'éveiller le docteur Solander, et il en vint heureusement à bout; mais quoiqu'il ne se fût assoupi que cinq minutes, il avoit presque perdu l'usage de ses membres ; ses muscles étoient tellement contractés, que sa chaussure tomboit de ses pieds ; il consentit néanmoins à marcher. Mais l'on s'efforça vainement de faire relever le malheureux Richmond : M. Banks ayant inutilement tenté de le faire mouvoir, laissa près de lui son autre nègre et un matelot, qui paroissoient avoir moins souffert du froid que les autres, en leur promettant de les remplacer promptement par deux autres hommes suffisamment réchauffés. Enfin il parvint, avec beaucoup de peine, à amener le docteur auprès du feu. Il dépêcha de suite deux de ses gens qui s'étoient réchauffés et reposés, espérant qu'avec le secours de ceux qui étoient restés en arrière, ils pourroient rapporter Richmond, lors même qu'il leur seroit impossible de le réveiller. Une demi-heure après, il eut la douleur de voir ses deux hommes revenir seuls. Ils assurèrent qu'ils avoient parcouru tous les environs du lieu où Richmond avoit été laissé; qu'ils n'y avoient trouvé personne, et, malgré leurs cris réitérés, on ne leur avoit point répondu. Ce récit fut une source de surprise et de chagrin, sur-tout pour M. Banks, qui ne pouvoit s'imaginer comment cela étoit arrivé. On se souvint néanmoins qu'une bouteille de rhum, qui formoit l'unique provision de la compagnie, étoit restée dans le havre-sac d'un des absens, et l'on pensa que le nègre et le matelot, restés avec Richmond, s'en étoient servi pour réveiller leur camarade, et se restaurer eux-mêmes, et que tous trois, en ayant bu immodérément, s'étoient égarés, au lieu d'attendre les guides et les secours qu'on leur avoit promis. La neige ayant recommencé à tomber pendant deux heures entières, on désespéra de retrouver ces malheureux, au moins vivans. Mais vers minuit, à l'extrême satisfaction des personnes qui étoient autour du feu, on entendit des cris. M. Banks et quatre autres partirent sur-le-champ, et trouvèrent un matelot, qui avoit tout au plus la force de se soutenir en trébuchant, et pour appeler du secours. M. Banks l'envoya aussitôt auprès du feu, et, grâce aux renseignemens qu'il procura, on se mit à la recherche des deux autres, qu'on ne tarda pas à retrouver. Richmond étoit debout, mais ne pouvoit mettre un pied devant l'autre ; son camarade étoit étendu à terre, aussi insensible qu'une pierre. On appela tous ceux qui étoient auprès du feu, et l'on essaya d'y transporter ces deux hommes. Tout cela fut inutile. La nuit étoit horriblement noire; la neige étoit très-haute; il étoit difficile de se frayer un chemin au travers des broussailles et sur un sol marécageux, où l'on faisoit des chutes à chaque pas. Le seul expédient qu'ils conçurent, fut d'allumer du feu en cet endroit même; mais la neige qui couvroit la terre, celle qui tomboit du ciel, et celle que les arbres secouoient en gros flocons, ne leur permettoit ni de faire du feu en ce lieu, ni d'en porter de celui qu'on avoit allumé dans le bois. Ils furent donc contraints à abandonner ces infortunés à leur destinée, après leur avoir fait un lit de petites branches d'arbres, et les en avoir couverts à une assez grande hauteur.

Comme ils restèrent ainsi exposés pendant une heure et demie à la neige et au froid, quelques-uns de ceux qui n'en avoient pas été jusqu'alors affectés, commencèrent à perdre connoissance, notamment Briscoe, l'un des domestiques de M. Banks; qui se trouva si mal, que l'on craignit qu'il ne mourût avant qu'on pût l'approcher du feu.

Ils arrivèrent cependant enfin au brasier, et passèrent la nuit dans une situation terrible par elle-même, et plus affreuse encore par le souvenir du passé et l'incertitude de l'avenir. De douze hommes qui étoient partis le matin, pleins de santé et de force, deux étoient tenus pour morts, un autre étoit si mal, que l'on doutoit beaucoup qu'il pût exister le lendemain, et un quatrième, M. Buchan, étoit menacé de retomber dans un nouvel accès, par la fatigue qu'il avoit endurée pendant cette nuit désastreuse. Ils étoient à une journée de marche du vaisseau; il leur falloit traverser des bois inconnus, où ils risquoient de s'égarer, et d'être surpris par la nuit suivante.

Le lendemain, à la petite pointe du jour, leur premier soin fut d'aller voir si les infortunés qu'ils avoient laissés ensevelis sous des branchages, respiroient encore. Trois personnes de la compagnie furent dépêchées à cet effet, et revinrent avec la fâcheuse nouvelle qu'ils n'étoient plus. On se remit tristement en marche, et, après huit heures de fatigue, ils furent agréablement surpris de se trouver sur le rivage, et beaucoup plus près du vaisseau qu'ils n'avoient osé s'en flatter. En remarquant les traces du chemin qu'ils avoient suivi en partant du bâtiment, ils reconnurent qu'au lieu de gravir la montagne en ligne droite, ils avoient décrit un cercle autour d'elle. Dès qu'ils furent à bord, ils se complimentèrent mutuellement sur leur retour, avec une alégresse dont on ne peut se faire une idée qu'après avoir été exposé à un semblable péril, et à laquelle je participai, après toutes les inquiétudes que j'avois éprouvées en ne les voyant pas revenir le même jour.

CHAPITRE III.

Passage du détroit de Lemaire. — Route du cap Horn aux îles de la mer du Sud. — Arrivée à Otahiti.

Le 18 et le 19, la mer étant extrêmement grosse, ne nous permit pas de porter du bois et de l'eau à bord; mais le 20, le vent s'étant appaisé, nous envoyâmes la chaloupe au rivage, et MM. Banks et Solander s'y rendirent également. Ils débarquèrent au fond de la baie, et s'occupèrent de la recherche de plantes et de coquilles nouvelles. Ils allèrent ensuite, par un chemin affreux, visiter un village américain, situé à environ deux milles. Deux Américains vinrent les recevoir avec une sorte de cérémonial ; lorsqu'ils furent près d'eux, ils crièrent comme ceux du vaisseau, sans s'adresser ni à nos compagnons, ni aux leurs. Ils conduisirent nos gens au village, situé sur un coteau aride, couvert de bois que la main de l'homme semble avoir toujours respectés. Le village consiste en une douzaine de huttes, grossièrement construites, de quelques pieux fichés en terre, inclinés par leurs sommets, et formant un cône comme des ruches d'abeilles. Une ouverture servoit à la fois de porte et de cheminée. Il n'y avoit d'autres meubles qu'un panier à porter à la main, un sac à porter sur le dos, et une vessie pour contenir de l'eau. (*Voyez* la planche IV du Ier Atlas.)

Cette petite tribu étoit de cinquante ames au plus. Les habitans sont d'une couleur de rouille de fer mêlée avec de l'huile. Leurs cheveux noirs sont très-longs. Les hommes sont gros et mal faits ; ils ont cinq pieds huit à dix pouces (1).

(1) Cinq pieds quatre ou cinq pouces, mesure de France.

Les femmes sont plus petites, et ne passent pas cinq pieds (1). Leur vêtement consiste en un manteau de peau de guanaque ou de veau marin, que les hommes laissent ouvert, et que les femmes serrent avec une courroie autour de leurs reins. Celles-ci peignent, presque tout en blanc, les parties du visage voisines des yeux ; le reste est diversement bigarré de lignes horizontales rouges et noires. Les deux Indiens qui firent à nos deux compatriotes les honneurs de leur village, avoient le corps à peu près entièrement couvert de lignes noires, croisées en tout sens ; ce qui présentoit l'aspect le plus bizarre. Les hommes et les femmes ont des

(1) Quatre pieds sept pouces.

bracelets de grains, qu'ils forment avec de petites coquilles et des os : les femmes seules en ont au bas de la jambe; mais les hommes ont de plus une espèce de réseau de fil brun autour de la tête. Tout ce qui est rouge est, pour eux, d'un grand prix. Un seul grain de verroterie les flattoit plus qu'un couteau ou une hache. Leur langage est, en grande partie, guttural; mais ils ont des mots qui seroient regardés comme doux dans les langues les plus parfaites de l'Europe. Ils nomment *halleça*, les grains dont ils fabriquent leurs bracelets; *oodà*, est le nom qu'ils donnent à l'eau.

Il ne paroît pas que cette tribu ait d'autre nourriture que les coquillages. Quoique les veaux marins fréquentent la côte, on ne peut les prendre, faute d'instrumens à cet effet. Leurs armes, qui sont des arcs bien façonnés, et des flèches armées d'une pointe de verre ou de caillou barbelée, sont les seuls vestiges d'industrie que nous y ayons vus. Nous avons trouvé entre leurs mains des marchandises d'Europe, telles que anneaux, boutons, draps et toiles. Nous pouvons en inférer que ces peuples font des voyages au nord, puisqu'il y a long-temps qu'aucun vaisseau n'est allé au sud, jusqu'à cette partie de la *Terre de Feu*. Ils paroissoient fort bien connoître d'avance l'usage de nos fusils.

M. de Bougainville a débarqué sur cette côte au 53 deg. 40′ 41″ de latitude, un an avant notre arrivée.

Il rapporte avoir donné aux habitans quelques morceaux de verre, et qu'un enfant de douze ans, en ayant avalé un morceau, mourut dans des souffrances affreuses. Tous les oins du chirurgien furent inutiles ; mais l'aumônier françois fut plus heureux, car il parvint à lui administrer le baptême à la dérobée, et avec tant de dextérité, que les parens ne s'en aperçurent point.

Nous n'avons vu à ces Américains ni pirogue, ni canot, ni rien de semblable ; ce qui nous a fait croire que c'étoit une peuplade errante, d'autant plus qu'ils n'éprouvoient pas le mal de mer, soit dans la chaloupe, soit dans le vaisseau. Nous pensâmes qu'il pouvoit y avoir un détroit ou canal, pénétrant du détroit de Magellan, dans l'intérieur de cette île, par où ces gens étoient venus, en laissant leur canot amarré à l'extrémité du canal.

Nous n'y avons découvert d'autres quadrupèdes que des veaux marins, des lions de mer et des chiens. Ces derniers animaux aboient, ce que ne font pas ceux qui sont originaires d'Amérique ; preuve nouvelle que le peuple que nous avons visité, a quelque communication médiate ou immédiate avec les Européens.

Presque tous les écrivains qui ont décrit la *Terre de Feu*, la représentent comme dépourvue de bois et couverte de neige. Peut-être est-elle couverte de neige en hiver ; et l'aspect qu'elle présente alors, invite à croire qu'elle manque de bois.

Nous continuâmes notre navigation, et nous trouvâmes, le 8 mars de la même année 1769, par les 22 deg. 11 ′ de latitude sud, et 127 deg. 55 ′ de longitude ouest.

Le 25, sur le midi, un des gardes-marine, âgé d'environ vingt ans, fut placé en sentinelle à la porte de ma chambre. Un de mes domestiques faisoit, dans le même endroit, des bourses à tabac avec une peau de veau marin. Il en avoit promis à quelques-uns de ses camarades, et avoit refusé la même grâce au jeune homme. Celui-ci le menaça, en badinant, de lui en voler, s'il le pouvoit. Mon domestique, appelé précipitamment pour quelque affaire , pria le factionnaire de garder sa peau, sans songer à ce qui s'étoit passé entr'eux. Le jeune militaire en saisit un morceau. Mon domestique s'en étant aperçu à son retour, se fâcha, et força le soldat de le lui restituer, en disant que pour une telle bagatelle, il ne porteroit pas de plainte.

Un des soldats ayant entendu la dispute, la rapporta à ses camarades. Ceux-ci crurent l'honneur de leur corps compromis, par ce qu'ils appeloient un vol. Le sergent, plus outré que les autres, ordonna à l'infortuné jeune homme de le suivre sur le tillac. Comme c'étoit à l'entrée de la nuit, le soldat s'échappa du sergent, et s'en alla d'un autre côté. Lorsqu'ensuite on fit des recherches, on trouva qu'il s'étoit jeté à la mer. Cette perte nous fut très-sensible, car le jeune homme étoit doux et laborieux. La cause même de son suicide indiquoit une grande ame. Le déshonneur n'est insupportable qu'aux caractères de cette trempe.

Le 4, Briscoe, domestique de M. Banks, découvrit terre au sud, et je trouvai que c'étoit une île de forme ovale, avec un lagon au milieu, qui en occupoit la plus grande partie; ce qui me détermina à la nommer *île du Lagon*. Il ne paroît pas qu'il y ait de mouillage dans les environs. Nous comptâmes vingt-quatre naturels du pays sur la côte. Ils sont couleur de cuivre, et ont de longs cheveux noirs. Les bâtons ou piques dont ils sont armés, ont deux fois la longueur de leur corps. A sept lieues de là, nous aperçûmes une autre petite île basse, couverte de bois et de figure ronde, que nous nommâmes le cap *Trumb*. Elle a environ un mille de circonférence.

Nous découvrîmes, le 5, à l'ouest, une autre île basse, plus étendue que celles que nous avions vues auparavant : elle peut avoir dix à douze lieues de circonférence ; elle ressemble extrêmement à un arc. Le contour de l'arc et la corde sont formés par la terre ; l'eau occupe l'espace intermédiaire. Cette observation nous engagea à lui donner le nom de *Bow-Island*, ou île de l'*Arc*. M. Gore prétend avoir aperçu sous des arbres plusieurs naturels du pays, avoir distingué leurs maisons et leurs pirogues, mais il est le seul de l'équipage qui ait fait cette remarque.

Le lendemain 6, nous vîmes à l'ouest un groupe d'îles qui s'étendoit du nord-ouest $\frac{1}{4}$ nord, au sud-est $\frac{1}{4}$ sud. Nous entrâmes dans une baie, au nord-ouest de la pointe la plus méridionale du groupe. Mais comme nous ne trouvâmes pas de fond, pas mille brasses à trois quarts de mille du rivage, je ne jugeai point prudent de nous approcher davantage. Les Indiens envoyèrent vers nous des pirogues, mais nous ne les attendîmes pas. Il nous parut que les naturels du pays sont nus et d'un teint brun. Leurs cheveux sont enfermés dans un réseau. Ils portent à la main deux objets, dont l'un étoit un bâton de dix à quatorze pieds de long, dont le bout étoit taillé en forme de lance; l'autre étoit une pagaie, instrument dont ils se servent pour faire manœuvrer leurs pirogues.

Nous ne pûmes comprendre si les signaux que nous faisoient les hommes restés à terre, étoient des menaces ou des invitations de débarquer.

Le 7 et le 10, nous découvrîmes successivement l'île des Oiseaux et l'île de la Chaîne, que nous avons ainsi appelées, l'une à cause de la multitude d'oiseaux qui l'habitent, l'autre, parce qu'elle est environnée de rescifs et d'îlots en forme de chaîne.

Le 10, nous eûmes connoissance de l'île que les habitans appellent *Maites*, et à laquelle le capitaine Wallis a donné le nom d'*Osnabruk*.

Le 10 avril, quelques-uns de nos gens, qui cherchoient à découvrir l'île pour laquelle nous étions destinés, aperçurent les premiers l'île que le capitaine Wallis avoit nommée l'*île de Georges III*. Nous reconnûmes que c'étoit une terre élevée et en forme de montagne. Plusieurs pirogues firent voile vers nous; un très-petit nombre s'approchèrent, et nous ne pûmes engager les hommes qui les montoient à venir à notre bord.

Nous naviguâmes à petites voiles pendant toute la nuit, et vers sept heures

heures du matin, nous mouillâmes dans la baie de *Port-Royal*, appelée dans le pays *Matavaï*. (*Voyez* la planche V du Ier Atlas.)

On nous apporta des cocos, ou fruit qui ressemble à la pomme, du fruit à pain et de petits poissons.

Le fruit à pain croît sur un arbre de la hauteur d'un chêne moyen. Il est à peu près de la grosseur et de forme de la tête d'un enfant. Sa surface est composée de réseaux qui diffèrent peu de ceux de la truffe. La peau qui le recouvre est légère; il a un trognon de la grosseur d'un petit manche de couteau. La pulpe que l'on mange est entre la peau et le trognon; elle est blanche comme la neige, et a un peu plus de consistance que le pain frais : on la partage en trois ou quatre tranches, et on la grille avant de la manger. Sa saveur n'est pas forte ; elle approche de celle de la mie de pain de froment, mêlée avec un artichaut de Jérusalem.

Parmi les Otahitiens qui vinrent nous visiter, se trouvoit un vieillard nommé *Owhaw*, qui fut reconnu par M. Gore, et par plusieurs autres qui avoient suivi le capitaine Wallis. Comme je sus qu'il avoit été d'une grande utilité, je le fis monter à bord avec quelques-uns de ses compagnons, et tâchai de lui être agréable.

Notre séjour dans l'île devant être assez long, il étoit nécessaire que les marchandises que nous avions apportées pour commercer avec les Otahitiens, ne baissassent pas de valeur ; ce qui fût inévitablement arrivé, si chacun avoit été maître de donner à qui lui plaisoit, en échange de ce qu'il desiroit acheter. J'établis en conséquence un réglement par lequel je nommois des préposés pour commercer, et défendois à toute autre personne de faire aucune espèce de trafic, sans en avoir obtenu la permission.

J'allai à terre avec MM. Banks et Solander, notre ami Owhaw, et un détachement de soldats armés. Plusieurs centaines d'habitans vinrent à notre rencontre, mais parurent intimidés. Ils nous conduisirent à un demi-mille de là, vers le lieu où le *Dauphin* avoit fait son eau,

Là, ils s'arrêtèrent, et nétoyèrent le terrain, en arrachant toutes les plantes, et nous firent signe que nous pouvions occuper ce canton ; mais nous ne le trouvâmes pas assez commode.

Cette promenade dissipa la timidité que la supériorité de nos forces avoit d'abord inspirée aux Indiens ; ils partirent avec nous de l'aiguade, et nous firent traverser le bois. Les habitations de ce peuple, situées sous des cocotiers ou des arbres à pain, n'ont, pour la plupart, qu'un toit, sans murailles latérales. Cet aspect réalise ce que la mythologie nous apprend de l'Arcadie. Nous remarquâmes toutefois, avec peine, que pendant toute notre excursion, nous n'avions aperçu que deux cochons, et pas une seule volaille. Ceux de nos gens qui avoient été de l'expédition du *Dauphin*, nous dirent que nous n'avions pas encore vu les Indiens de la première classe. Nous nous promîmes de tâcher, le lendemain, de découvrir la *noblesse* dans ses retraites.

Le 13 avril, il vint deux pirogues remplies d'Indiens, dont les manières et l'habillement annonçoient un rang supérieur. Deux d'entre eux montèrent à bord, et choisirent parmi nous un ami; l'un, nommé *Matahah*, prit M. Banks pour le sien; l'autre me fit cet honneur. La cérémonie consista, de leur part, à se dépouiller d'une grande partie de leurs vêtemens, et à nous en couvrir. Nous leur donnâmes, en échange, une hache et des verroteries. Puis, nous montrant le sud-ouest, ils nous firent signe d'aller avec eux dans les lieux où ils habitoient.

J'y consentis. Je fis équiper deux bateaux, et m'embarquai avec MM. Banks et Solander, plusieurs officiers, et nos amis Otahitiens. Après un trajet d'une lieue, nous débarquâmes au milieu d'un grand nombre de naturels du pays, qui nous menèrent à une maison plus spacieuse que celles que nous avions vues jusqu'alors. En entrant, nous vîmes un homme entre deux âges, dont nous sûmes depuis que le nom étoit *Tootahah;* on nous fit asseoir sur des nattes, vis-à-vis de lui. Tootahah nous fit présent d'un coq, d'une poule et d'une pièce d'étoffe, parfumée à leur manière, de onze verges de long sur deux de large. M. Banks donna, en retour, une cravate de soie garnie de dentelle, et un mouchoir de poche. Tootaháh s'affubla de cet ajustement avec une complaisance et une satisfaction que l'on ne sauroit décrire.

Les femmes nous accompagnèrent à plusieurs grandes maisons, que nous parcourûmes très-librement. Elles nous firent toutes sortes de politesses, dont il nous étoit aisé de profiter; elles ne nous paroissoient avoir aucun scrupule. Excepté le toit, les maisons se trouvent ouvertes de tous côtés. Mais les femmes, en nous montrant, à plusieurs reprises, les nattes étendues à terre, en s'y asseyant quelquefois, et en nous attirant vers elles, ne nous laissèrent aucun sujet de douter qu'elles s'inquiétoient beaucoup moins que nous d'être aperçues.

Nous prîmes enfin congé de notre nouvel ami, et nous dirigeâmes notre course le long de la côte. Nous rencontrâmes bientôt un autre chef, appelé *Toubouraï-Tamaïdé*, avec lequel nous fîmes un traité d'amitié, et qui nous invita à manger. Nous acceptâmes de bon cœur, et nous dînâmes fort bien avec du poisson, du fruit à pain, des cocos et des fruits du plane, apprêtés à la mode du pays.

Tomio, la femme de notre hôte, fit à M. Banks la faveur de se placer près de lui, sur la même natte.

Tomio n'étoit pas dans la première jeunesse, et ne paroissoit pas avoir jamais été remarquable par sa beauté : c'est pour cela, je m'imagine, que M. Banks ne lui fit pas un accueil très-flatteur. Pour comble d'humiliation, M. Banks, ne songeant point à la dignité de sa compagne, et ayant aperçu, dans la foule, une jolie petite fille, lui fit signe de venir à lui, la fit asseoir de l'autre côté, et lui donna tous les petits présens et les brillantes bagatelles qui pouvoient lui être agréables.

La princesse, toute mortifiée qu'elle fût de cette préférence, ne cessa point ses attentions envers M. Banks. Cette scène auroit pu devenir plus intéressante et plus curieuse, si un incident sérieux ne l'eût troublée. MM. Solander et Monkhouse se plaignirent d'avoir été volés; le premier, d'une petite lunette enfermée dans une boîte de chagrin; l'autre, de sa tabatière. On fit, à cette occasion, des plaintes fort graves, et, afin d'y mettre plus d'énergie, M. Banks se leva avec précipitation, et frappa contre la terre la crosse de son fusil. Ce mouvement et ce bruit extraordinaire sema l'épouvante dans toute l'assemblée. A l'exception du chef, de trois femmes et de deux ou trois autres insulaires, qui sembloient être d'un rang supérieur, tous s'enfuirent avec vîtesse. *Toubouraï-Tamaïdé* portoit sur sa figure des marques de confusion et de douleur; il conduisit M. Banks à un autre bout de l'habitation, où se trouvoit une grande quantité d'étoffes, et lui offrit d'en prendre tout ce qu'il vouloit en compensation des objets du vol. M. Banks rejeta cette proposition, et lui fit comprendre qu'il vouloit absolument la restitution des effets dérobés. Le chef sortit alors en diligence, laissant M. Banks avec Tomio, qui, pendant tout ce désordre, n'avoit pas quitté ses côtés, et lui fit signe de rester jusqu'à son retour. Toubouraï revint, tenant dans sa main la tabatière et l'étui de la lunette. Il les rendit. La joie étoit peinte sur son visage avec une énergie d'expression, qu'on ne trouve que parmi ces peuples. En ouvrant la boîte de la lunette, on reconnut qu'elle étoit vide. La physionomie du chef changea tout-à-coup; il prit la main de M. Banks, l'entraîna avec précipitation hors de la maison, et le conduisit le long de la côte. A un mille de la maison, ils rencontrèrent une femme, qui donna au chef une pièce d'étoffe; celui-ci la reçut avec empressement, et poursuivit sa route. MM. Solander et Monkhouse les avoient suivis. Enfin, ils arrivèrent à une maison, où ils furent reçus par une autre femme, à qui Toubouraï-Tamaïdé donna la pièce d'étoffe, et il pria nos messieurs de lui donner aussi quelques verroteries. L'Otahitienne ayant reçu les présens, sortit, et rentra une demi-heure après avec la lunette, en témoignant la même joie que nous avions remarquée auparavant

paravant sur la figure du chef. Ils nous rendirent nos présens, avec l'inflexible résolution de ne pas les accepter. M. Solander fut forcé de prendre l'étoffe, comme une réparation de l'injure qu'on lui avoit faite.

Nous connoissions trop imparfaitement la langue, la police et les mœurs de cette nation, pour pouvoir nous rendre compte, d'une manière satisfaisante, des divers moyens qu'on employa pour recouvrer les objets soustraits.

CHAPITRE IV.

Construction d'un observatoire et d'un fort. — Visites de plusieurs chefs. — Funérailles. — Musique d'Otahiti.

Le lendemain 15 avril, plusieurs des chefs que nous avions vus la veille, vinrent nous apporter des cochons, des fruits à pain, et d'autres rafraîchissemens ; nous leur donnâmes, en retour, des haches, des toiles et autres objets. N'ayant pu trouver de havre plus convenable que celui où nous nous trouvions, je résolus d'aller à terre et de choisir un lieu commandé par l'artillerie du vaisseau, où je pusse élever un petit fort pour notre défense, et me préparer à faire nos observations astronomiques.

Nous traçâmes en conséquence une enceinte, et dressâmes une petite tente qui appartenoit à M. Banks. Je fis signe aux Indiens que la curiosité avoit attirés, que nous avions besoin de ce terrain pour y dormir un certain nombre de nuits, et qu'ensuite nous partirions. J'ignore s'ils me comprirent, mais ils se comportèrent avec une déférence et un respect qui nous causèrent autant de plaisir que d'étonnement.

Comme nous n'avions encore vu que deux cochons et pas de volaille, nous présumâmes qu'à notre arrivée on avoit retiré ces animaux dans l'intérieur des terres. Nous le croyions d'autant plus, qu'Owhaw n'avoit cessé de nous faire signe de ne pas aller dans les bois. C'est pour cela que, malgré ses conseils, nous prîmes le parti d'y pénétrer. Nous laissâmes pour garder la tente, treize soldats de marine et un officier subalterne, et nous partîmes, suivis d'une foule d'insulaires. Nous vîmes en route quelques canards ; M. Banks tira sur ces oiseaux, et en tua trois d'un coup. Cet incident répandit la terreur parmi les Indiens. La plupart tombèrent à terre, comme si le plomb les eût atteints. Ils revinrent néanmoins de leur frayeur. Nous n'allâmes pas bien loin, sans être alarmés par deux coups de fusil que notre garde de la tente avoit tirés. Nous étions un peu écartés, mais

Owahaw nous eut bientôt réunis. D'un signal de la main, il renvoya tous les Indiens qui nous suivoient. A notre arrivée, nous sûmes qu'un des Indiens qui étoient restés autour de la tente, avoit épié le moment d'entrer à l'improviste, et surprenant la sentinelle, lui avoit arraché son fusil. L'officier qui commandoit le détachement, soit qu'il craignît de nouvelles violences, soit qu'il fût dirigé par le desir naturel d'exercer une autorité à laquelle il n'étoit pas accoutumé, soit enfin par la brutalité de son caractère, ordonna à sa troupe de faire feu. Les soldats tirèrent au milieu de la foule qui s'enfuyoit, et qui étoit composée de plus de cent personnes. Remarquant qu'ils n'avoient pas atteint le voleur, ils le poursuivirent et le tuèrent d'un coup de fusil. Nous sûmes, par la suite, qu'aucun autre habitant n'avoit été tué ou blessé.

Owhaw, qui ne nous avoit pas abandonnés, rassembla, avec difficulté, un petit nombre des fuyards, et les fit ranger devant la tente. Nous nous efforçâmes de justifier nos gens du mieux qu'il nous fut possible, et de convaincre les Indiens, que s'ils ne nous faisoient point de mal, ils n'auroient rien à craindre de nous. Ils s'en allèrent sans témoigner ni défiance, ni ressentiment. De notre côté, nous démontâmes notre tente, et retournâmes au vaisseau.

Le lendemain matin 16, nous

ne vîmes pas d'Otahitiens sur la côte : aucun n'approcha du vaisseau, ce qui nous prouva que nous avions inutilement tenté de dissiper leurs craintes. Owhaw lui-même nous avoit abandonnés, quoiqu'il se fût montré si fidèle dans son attachement, et si empressé à rétablir la paix.

Je fis touer le vaisseau plus près de la côte, et je l'amarrai de manière qu'il commandoit à toute la partie nord-est de la côte. Sur le soir, cependant, j'allai à terre, accompagné seulement de l'équipage d'un bateau et de plusieurs officiers. Les Indiens, au nombre de trente ou quarante, nous vendirent des noix de cocos et d'autres fruits.

Le 17, nous eûmes le malheur

de perdre M. Buchan, que M. Banks avoit amené comme peintre de paysages et de figures. Le matin du même jour, nous reçûmes la visite des deux chefs, Toubouraï-Tamaïdé et Tootahah. Ils apportoient, comme emblêmes de la paix, non pas de simples branches de bananiers, mais de jeunes arbres entiers. Chacun d'eux apportoit de plus, comme dons propitiatoires, quelques fruits à pain et un cochon tout cuit. Vers le soir, nous allâmes à terre, et nous y passâmes la nuit dans une tente, afin d'observer une éclipse du premier satellite de Jupiter; mais le temps fut si couvert, que nous ne pûmes accomplir notre dessein.

Le 18, à l'aube du jour, je débarquai avec nous les gens qui n'étoient pas absolument nécessaires à la garde du bâtiment. Nous commençâmes à construire notre fort. Non-seulement les Otahitiens qui s'étoient rassemblés autour de nous, suivant leur coutume, ne troublèrent point nos travaux, mais nous aidèrent volontairement ; ils alloient, avec empressement, chercher dans le bois les fascines et les piquets.

Le sol où nous construisîmes notre fort étoit sablonneux ; ce qui nous mit dans la nécessité d'en renforcer les retranchemens par des palissades. Trois des côtés étoient ainsi fortifiés ; le quatrième étoit défendu par une rivière, sur le bord de laquelle je fis placer une certaine quantité de tonneaux.

Le 19, notre ami Toubouraï-Tamaïdé vint rendre visite à M. Banks, accompagné de sa femme et de sa famille. Il apportoit avec lui le toit d'une maison, des matériaux pour la dresser, des ustensiles et des meubles de toutes sortes. Nous pensâmes que c'étoit une marque de son desir de se fixer dans notre voisinage. Nous redoublâmes de soins pour fortifier encore l'amitié qu'il avoit pour nous. Il prit M. Banks par la main, et lui fit signe de l'accompagner à travers les bois. M. Banks y consentit volontiers, et à un quart de mille plus loin, ils entrèrent dans une espèce de hangar appartenant à Toubouraï-Tamaïdé, et qui paroissoit lui

servir passagèrement d'habitation.
Là, le chef Otahitien ouvrit un
paquet d'étoffes du pays : il en tira
deux habits, l'un de drap rouge,
l'autre d'une natte artistement faite ;
il en revêtit M. Banks, et le reconduisit à la tente. Ses gens lui apportèrent aussitôt du porc et du
fruit à pain, qu'il mangea, en trem-
pant successivement les bouchées
dans une eau salée qui lui servoit
de sauce. Après le repas, il se mit
sur le lit de M. Banks, et y dormit
environ une heure.

Dans l'après-dîné, son épouse
Tomio amena dans cet endroit un
jeune homme d'à peu près vingt-
deux ans, d'une physionomie intéressante ; ils sembloient le traiter
comme leur fils, mais nous sûmes,

dans la suite, qu'il ne leur appartenoit pas.

M. Monkhouse, notre chirurgien, ayant fait le soir une promenade dans l'île, nous apprit qu'il avoit vu le cadavre de l'homme tué près de la tente. Il dit qu'il étoit enseveli dans une pièce d'étoffe, et déposé dans une espèce de bière, soutenue sur des poteaux, sous un toit qu'on paroissoit avoir dressé exprès. On avoit placé près du corps des instrumens de guerre et d'autres objets que M. Monkhouse auroit été curieux d'examiner, si l'odeur fétide qu'exhaloit le cadavre ne l'en eût détourné. Nous apprîmes depuis, que c'étoit ainsi que les Otahitiens disposoient de leurs morts.

Dès

Dès ce jour, il se tint régulièrement, hors de notre enceinte, un marché abondamment approvisionné de toutes sortes de denrées, hormis des cochons. Toubouraï-Tamaïdé nous visitoit assidument; il imitoit nos manières, et avoit appris à se servir adroitement du couteau et de la fourchette.

Le récit de M. Monkhouse avoit piqué ma curiosité. J'allai voir le corps mort avec plusieurs autres personnes. Le hangar sous lequel il étoit déposé, étoit long de quinze pieds, large de onze, et haut à proportion. L'une des extrémités étoit entièrement ouverte; l'autre, ainsi que les deux côtés, étoient fermés en partie par un treillage d'osier. La bière étoit un châssis de bois, assez semblable à ceux dans lesquels on place les lits de vaisseaux, appelés *cadres* ; le fond étoit de natte ; le tout étoit supporté par des poteaux à cinq pieds de terre. On avoit placé aux côtés du mort, une massue de bois, et près de la tête qui touchoit à l'extrémité fermée du hangar, deux coques de noix de cocos, qui leur servent de vases à puiser de l'eau ; à l'autre bout du hangar, on avoit fiché en terre, à côté d'une pierre de la grosseur d'un coco, plusieurs baguettes sèches et des feuilles vertes liées ensemble. Près de là se trouvoit un jeune plane, emblême de la paix chez les Indiens, et tout à côté une hache de pierre. Beaucoup de noix de palmier, enfilées en forme de chapelet, étoient suspendues à l'extrémité ouverte, et en dehors on avoit planté la tige d'un plane, haut de cinq pieds. Au sommet étoit une coque de noix de coco, pleine d'eau douce. Enfin, on avoit attaché à l'un des poteaux, un petit sac rempli de tranches de fruit à pain tout grillé : on ne les y avoit pas mises en même temps, car les unes étoient fraîches et les autres gâtées.

Pendant notre examen, les Indiens nous considéroient avec un mélange d'inquiétude et de défiance. Leurs gestes indiquoient la peine que nous leur faisions, en approchant du corps. Notre départ leur fit beaucoup de plaisir.

Notre séjour à terre eût été infiniment plus agréable, si nous n'eussions été perpétuellement incommodés par les mouches. Ces insectes empêchoient M. Parkinson, peintre d'histoire naturelle de M. Banks, de travailler. Ils couvroient tout son papier, et mangeoient même la couleur, à mesure qu'il l'étendoit sur ses dessins. Les filets à mousquites que nous employâmes, rendirent cet inconvénient plus supportable, sans le supprimer totalement.

Le 22, Tootahah nous donna un échantillon de la musique d'Otahiti. Quatre personnes jouoient d'une flûte qui, n'ayant que deux trous, ne pouvoit former que quatre notes à un demi-ton d'intervalle. Ils s'en servoient à peu près comme on joue de la flûte traversière, à l'exception que le musicien, au lieu de se servir de la bouche, souffloit dans un des trous avec une narine, tandis qu'il fermoit l'autre avec son pouce. Quatre chanteurs joignoient leurs voix au son de ces instrumens, et gardoient fort bien la mesure; mais pendant tout le concert, on joua toujours le même air.

Plusieurs Indiens nous apportèrent des haches qu'ils avoient reçues du *Dauphin*, en nous priant de les aiguiser et de les remettre en état. Il s'en trouva une qui nous parut de fabrique françoise, et donna lieu à une infinité de conjectures. Après bien des informations, nous apprîmes que, depuis le départ du

Dauphin, un vaisseau avoit abordé à Otahiti. Nous crûmes que c'étoit un bâtiment espagnol; mais nous savons actuellement que c'étoit la frégate la *Boudeuse*, sous les ordres de M. de Bougainville.

CHAPITRE V.

Excursion à l'ouest. — Récit de plusieurs incidens. — Entrevue avec Obéréa, femme que l'on disoit reine de l'île, lors du voyage du *Dauphin*.

Le 24, MM. Banks et Solander examinèrent la partie occidentale de l'île, le long du rivage. Dans les deux premiers milles, ils trouvèrent un sol plat et fertile; ensuite ils dépassèrent de petites montagnes, lesquelles s'étendoient jusqu'au bord de l'eau : un peu plus loin, ils en trouvèrent qui s'avançoient jusques dans la mer. Ces montagnes arides occupoient un espace de près de trois milles, et aboutissoient à une grande plaine couverte d'assez jolies maisons qui annonçoient l'aisance. Là serpentoit une rivière, au milieu d'une vallée profonde et délicieuse. Nos voyageurs la traversèrent; et quoiqu'elle fût assez loin de la mer, elle étoit large de près de cent verges. Un mille au-delà, la campagne étoit infertile; la mer étoit parsemée de rochers ; MM. Banks et Solander y bornèrent leur course. Au moment où ils se disposoient à rétrograder, un des Otahitiens leur offrit des rafraîchissemens, qu'ils acceptèrent. Cet homme leur parut d'une race décrite par différens auteurs, comme étant le résultat du mélange de plusieurs nations, mais différente de toutes.

Sa peau étoit d'un blanc fade, sans aucune nuance d'une autre couleur, quoique plusieurs parties de son corps fussent moins blanches que le reste. Ses cheveux, ses sourcils et sa barbe n'étoient pas moins blancs que sa peau; ses yeux étoient rouges, et il paroissoit avoir la vue basse.

A leur retour, ces messieurs rencontrèrent Toubouraï-Tamaïdé et ses femmes, qui, à leur aspect, répandirent des larmes de joie, et pleurèrent long-temps avant que leur agitation pût se calmer.

Le soir, M. Solander prêta son couteau à une de ces femmes, qui ne le lui rendit pas, et dans la matinée du jour suivant, M. Banks s'aperçut qu'il avoit également perdu le sien. Je remarquerai, à ce sujet, que les Otahitiens de toutes les classes, hommes et femmes, sont les plus incorrigibles voleurs du monde. Toùbouraï-Tamaïdé et Tootahah étoient les seuls qui ne se fussent point rendus coupables de vol. Cela faisoit supposer, en leur faveur, qu'ils étoient exempts d'un vice dont toute la nation est entachée ; mais cette présomption morale s'évanouissoit devant de fortes apparences du contraire : aussi M. Banks n'accusa-t-il qu'avec répugnance le premier, de lui avoir dérobé son couteau. L'Indien nia formellement le fait, et avec beaucoup d'assurance. M. Banks lui déclara, d'un ton ferme, qu'il exigeoit absolument qu'on le lui rendît : aussitôt un des Otahitiens présens, montra un chiffon dans lequel trois couteaux étoient renfermés avec soin, celui que M. Solander avoit prêté à la femme, un couteau de table qui m'appartenoit, et un troisième, qui avoit été aussi volé. Le chef s'empressa de les rendre, et se mit en devoir de chercher celui de M. Banks.

Dans cet intervalle, un des domestiques de ce dernier, apercevant ce qui se passoit, alla prendre le couteau dans un endroit où il l'avoit lui-même déposé la veille. A cette démonstration de son innocence, Toubouraï-Tamaïdé exprima, par le jeu de sa physionomie et par ses gestes, les émotions fortes qu'il éprouvoit. Des larmes ruisselèrent de ses yeux, et il fit signe, avec le couteau, que si jamais il se rendoit coupable de l'action qu'on lui avoit reprochée, il consentoit à avoir la gorge coupée. M. Banks, presqu'aussi affligé que le chef, de cette malheureuse scène, avoua ses torts, et voulut les expier. Le pauvre Otahitien, malgré la véhémence de son caractère, n'étoit pas homme à garder rancune; il oublia l'injure qu'on lui avoit faite, et se réconcilia parfaitement, lorsque M. Banks l'eût traité avec familiarité, et lui eût fait de petits présens.

Le 26 du même mois d'avril, je fis monter sur le fort six pierriers, et j'eus la douleur de voir que cet appareil effrayoit les insulaires. Owhaw nous dit, par signes, que dans quatre jours nous tirerions nos grosses pièces d'artillerie.

Le 27, Toubouraï-Tamaïdé, avec un de ses amis, l'homme le plus vorace que j'ai jamais vu, et les trois femmes qui l'accompagnoient ordinairement, Terapo, Tirao et Omié, vinrent dîner au fort. Ils partirent vers le soir. Le chef reparut, un quart-d'heure après, dans une grande agitation. Il saisit M. Banks par la main, et le conduisit à un endroit où ils trouvèrent

vèrent le boucher du vaisseau, qui tenoit en main une faucille. Toubouraï-Tamaïdé s'arrêta incontinent, et dans un transport de rage, il chercha à faire entendre que le boucher avoit menacé ou tenté d'égorger sa femme avec cette arme. M. Banks répondit, par signes, que s'il pouvoit désigner clairement la nature du délit, le coupable seroit puni. Cette promesse tranquillisa le chef : il s'expliqua et fit comprendre que le boucher ayant eu envie d'une hache de pierre qui étoit dans sa maison, il l'avoit demandée à sa femme pour un clou ; que celle-ci ayant refusé de la vendre pour ce prix, l'Anglois avoit jeté le clou à terre, et s'étoit emparé de la hache, en la menaçant de lui fendre la tête si elle résistoit. L'insulaire produisit la hache et le clou, comme pièces de conviction; et le boucher allégua si peu de chose pour sa défense, qu'il n'étoit pas possible de révoquer en doute la vérité du fait.

Instruit par M. Banks, de cette aventure, je pris le moment où le chef, ses femmes et d'autres Otahitiens étoient à bord du vaisseau, pour faire comparoître le boucher. Après l'avoir interrogé, j'ordonnai qu'il fût puni, afin de prévenir, pour la suite, de semblables violences. Les Indiens furent très-attentifs, pendant qu'on déshabilloit le coupable, et qu'on l'attachoit aux cordages. Ils étoient inquiets sur ce qu'on vouloit lui faire. Dès qu'on lui eût porté le premier coup, ils nous abordèrent avec trouble, et nous conjurèrent de lui faire grâce du reste du châtiment. J'avois de bonnes raisons pour n'y pas consentir; et lorsqu'ils reconnurent l'inefficacité de leurs prières, leur pitié se répandit en larmes.

Il est vrai que ces peuples sont toujours prêts à exprimer, comme les enfans, par des pleurs, les mouvemens violens de l'ame; comme eux aussi, ils n'y songent plus dès qu'ils les ont versés. Nous en allons citer un exemple remarquable.

Le 28, avant le jour, une foule d'Indiens se rendit au fort. M. Banks ayant reconnu Térapo parmi les femmes, alla vers elle, et la fit entrer. Il s'aperçut qu'elle avoit les larmes aux yeux; et dès qu'elle fut dans le fort, ses pleurs commencèrent à couler abondamment. M. Banks s'empressa de lui en demander la cause; mais, au lieu de lui répondre, elle tira de dessous ses habits une dent de goulu de mer, dont elle se frappa cinq ou six fois la tête. Un ruisseau de sang s'écoula des blessures. Térapo parla à haute voix, et d'un ton fort triste, pendant quelques minutes, sans répondre aux questions réitérées de M. Banks; mais la conduite de cette femme devint bien plus extraordinaire.

Aussitôt que les plaies eurent cessé de saigner, elle leva les yeux, sourit, et rassembla quelques pièces d'étoffe dont elle s'étoit servie pour étancher son sang. Elle en fit un paquet qu'elle emporta hors de la tente, et jeta dans la mer, ayant soin de les disperser, comme si elle eût voulu empêcher qu'on ne les vît, et faire oublier, par-là, le souvenir de ce qui s'étoit passé.

Ensuite elle se plongea dans la rivière, se lava tout le corps, et retourna dans nos tentes avec autant de gaîté que s'il ne lui étoit rien arrivé.

Pendant toute la matinée, des pirogues abordèrent aux environs du fort; les tentes étoient remplies d'Otahitiens venus des différens points de l'île. Des occupations me retinrent à bord; mais M. Molineux, notre *maître*, qui avoit fait partie de l'équipage du *Dauphin*, alla à terre.

Dès qu'il fut entré dans la tente de M. Banks, il porta ses regards sur une femme assise très-modestement parmi les autres, et dit que c'étoit la personne qu'on supposoit être la reine de l'île, lors du voyage du capitaine Wallis. En même temps, l'Indienne reconnut M. Molineux pour un des étrangers qu'elle avoit vus auparavant. Nos gens ne pensèrent plus, dès-lors, au reste de la compagnie, et considérèrent, avec curiosité, une femme qui avoit joué un rôle si important dans la description que nous ont donnée de cette île les navigateurs qui, les premiers, l'ont découverte. Nous apprîmes bientôt qu'elle se nommoit *Obéréa*. Elle paroissoit avoir une quarantaine d'années; sa taille étoit élevée et robuste ; sa peau étoit blanche, ses yeux pleins d'intelligence et de sensibilité : il ne lui restoit plus que des traces d'une ancienne beauté. Dès que l'on connut sa dignité, on lui proposa de la conduire au vaisseau ; elle y consentit, et vint à bord avec deux hommes et quelques femmes, qui sembloient être de sa famille.

Je l'accueillis avec distinction ; je ne fus point avare de présens, et lui donnai, entr'autres choses, une poupée, dont cette illustre personne parut sur-tout très-satisfaite. Lorsque je fus débarqué avec elle, elle m'offrit un cochon et plusieurs fagots de planes, qu'elle fit porter au fort, en une espèce de procession, dont elle et moi formions l'arrière-garde. En allant au fort, nous rencontrâmes Tootahah, qui sembloit avoir l'autorité souveraine, quoiqu'il ne fût pas roi.

Il ne parut pas content des égards que je témoignois pour Obéréa : il devint si jaloux à la vue de sa poupée, que, pour l'appaiser, je crus devoir lui en donner une pareille. Il préféra alors une poupée à une hache; par un sentiment de jalousie enfantine, il vouloit recevoir un don exactement semblable à celui qu'avoit reçu la prétendue reine. Cette remarque est d'autant mieux fondée, que généralement ils n'attachoient aux poupées aucune valeur.

Le 29, assez avant dans la matinée, M. Banks alla présenter ses hommages à Obéréa. On lui dit qu'elle dormoit encore, et qu'elle étoit couchée sous le pavillon de sa pirogue. Il y alla, dans l'intention de l'éveiller. En regardant à travers la chambre, il fut très-étonné de voir dans son lit un beau garçon, d'environ vingt-cinq ans, qui s'appeloit *Obadée*. Il se retira tout confus; mais on lui fit comprendre qu'il n'y avoit rien là d'extraordinaire, et que tout le monde savoit qu'Obéréa avoit choisi Obadée pour lui accorder ses faveurs.

Obéréa étoit trop civile pour souffrir que M. Banks l'attendît long-temps dans son *antichambre*; elle s'habilla elle-même avec plus de promptitude qu'à l'ordinaire; et, pour l'honorer d'une faveur spéciale, elle le revêtit d'un habillement d'étoffes fines, et vint ensuite avec lui dans nos tentes.

Le soir, M. Banks alla voir Toubouraï-Tamaïdé, et ne fut pas moins affligé que surpris de le trouver, lui et sa famille, dans la tristesse, et quelques-uns de ses parens fondant en larmes. Quand M. Banks eut rapporté cette circonstance aux officiers du fort, ils se souvinrent qu'Owhaw avoit prétendu que, dans quatre jours, nous tirerions nos grosses pièces d'artillerie. Comme on étoit à la fin du troisième jour, ces particularités les alarmèrent. On doubla les sentinelles, et nos officiers passèrent la nuit sous les armes. A deux heures du matin, M. Banks fit une ronde autour de notre petit camp, et trouva que tout étoit si tranquille, qu'il regarda comme chimériques les soupçons qu'on avoit conçus; d'ailleurs, les fortifications étoient achevées et en bon état; le service s'y faisoit aussi exactement que dans une ville de guerre.

FIN DU TOME SECOND.

TABLE

DES CHAPITRES

contenus dans le tome second du premier Voyage.

Voyage du capitaine WALLIS.

CHAP. Ier Passage à la côte des Patagons. — Détails sur les habitans,   pages 1

CHAP. II. Passage du détroit de Magellan; et description des côtes,   21

CHAP. III. Route du détroit de Magellan jusqu'à Otahiti. — Récit de ce qui nous arriva,   44

CHAP. IV. Commerce régulier avec les Otahitiens. — Arrivée de la Reine de l'île,   65

CHAP. V. Départ d'Otahiti. — Observations sur les mœurs de ses habitans. — Maladies

— Maladies vénériennes introduites par les Européens dans les îles de la mer du Sud, pages 85

Chap. VI. Découverte de l'île du duc d'Yorck, et de plusieurs autres. — Retour en Europe par Tinian, Batavia et le cap de Bonne-Espérance, 113

Premier Voyage du capitaine Cook.

Introduction, 133

Chap. Ier Départ de Plymouth. — Route jusqu'à Rio-Janeiro, 139

Chap. II. Passage de Rio-Janeiro à l'entrée du détroit de Lemaire. — Habitans de la Terre de Feu. — Excursion botanique sur une montagne, 163

Chap. III. Passage du détroit de Lemaire. — Route du cap Horn aux îles de la mer du Sud. — Arrivée à Otahiti, 190

Chap. IV. Construction d'un observatoire et d'un fort. — Visites de plusieurs chefs.—Funérailles.— Musique d'Otahiti, pages 218

Chap. V. Excursion à l'ouest.—Récit de plusieurs incidens.—Entrevue avec Obéréa, femme que l'on disoit reine de l'île lors du voyage du *Dauphin*, 234

FIN DE LA TABLE.

www.ingramcontent.com/pod-product-compliance
Lightning Source LLC
Chambersburg PA
CBHW062235180426
43200CB00035B/1764